表現のある教室

ことばで遊ぼう表現しよう!

—ことばあそび・朗読・群読—

日本演劇教育連盟●編

晩成書房

こえ・ことばの表現を豊かに　刊行にあたって

私たちは、「ことば」によるコミュニケーションの大切さを考え、子どもたちのこえやことばによる表現がさらに豊かなものなることを願って、「ことばあそび」や「朗読」「群読」などの実践を紹介するこの本を編集いたしました。本書では、コミュニケーションの基礎となる「声を届けること」「語ること」とはどういう行為なのか、さらにさまざまな実践に即してこれからの音声表現について考えていきます。

インターネットやスマホ、タブレット端末など、子どもたちが知識や情報を手に入れたり、他の人とコミュニケーションをとったりする環境は急激に変化しています。ともすると、生身の人として他者と直に触れ合う機会が減っていくことにつながりかねません。こうした時代であるからこそ、最新のメディアをよりよく使いこなせるようになるためにも、子どもたちには自分のこころとからだを通して、自分のことばを獲得していってほしいのです。

私たち日本演劇教育連盟（演教連）は、これまで機関誌『演劇と教育』や各種の脚本集など演劇教育に関する書籍を発行して、日本の演劇教育の推進と発展のために努力してまいりました。演劇という表現は、生身の人間のことばとからだを通して演じ、観客を含めたみんなでつくりあげ、感じあう芸術表現です。生身の人間同士が関わりあうことで生まれる演劇は、それぞれの時代の教育的課題に応えながら、教育活動にさまざまな形で活かされてきました。

演教連の創設者の一人である冨田博之は、その著書『演劇教育』（国土社、一九五八年）において、次のように述べています。

「演劇教育は、(中略) すべての子どもたちが必修する独立した一教科として、学校教育の中に位置づけられる必要はないが、子どもたちの教育全体のなかでは、どんな教科にも劣らぬ重要な役割をもっていると考えるのである。」

私たちは、人と人との関係を育て、共に生きる社会を実現していくために、今こそ「演劇」という芸術の力が、これから未来を創っていく子どもたちの教育の中で広く活かされていく必要があると考えます。

本書で紹介することばあそびや朗読・群読も、ことばとからだを育てる演劇教育の大切な柱として、実践・研究が重ねられてきたものです。本書の実践や論考を参考に、多くの皆さんがそれぞれの教育現場で、子どもたちが「声に出して読むことは楽しい」「ことばを相手に伝えることは楽しい」と感じられるような実践に取り組んでいただけることを願っています。

この度の刊行にあたりましては、全国の多くの会員や読者の皆さまからご支援をいただきました。ここに担当者一同を代表し、厚くお礼を申し上げ、ご挨拶とさせていただきます。

二〇一九年十月

日本演劇教育連盟

編集代表　髙﨑　彰

編集担当　刀禰佳夫

大垣花子

福田三津夫

●目次

こえ・ことばの表現を豊かに　刊行にあたって……2

第1章　声を届けること・語ること……福田三津夫　9

1—香山美子「ちいさい　おおきい」を遊ぶ　10
2—竹内敏晴の朗読源論を考える　12
3—朗読劇で「はのいたいワニ」を遊ぶ　14
4—〈遊ぶ〉感性を磨く　16

第2章　ことばあそびを遊ぶ……19

1　ことばあそび……内部恵子　20
1—音を重ねる　21
2—かけ合い　25
3—げきあそび・カノン・しりとり・メロディーにのせて　26

2　ことばを文字に閉じこめない……霜村三二　32
1—まど・みちおの詩をあそぶ　32
2—谷川俊太郎の詩をあそぶ　36
3—阪田寛夫の詩をあそぶ　41

3　**詩を遊ぶ・ことばで遊ぶ**……福田三津夫　44
1―～になって、声を出す　44
2―相手に声(気持ち)を届ける　46
3―みんなで遊んでみよう!　50

第3章　朗読を生かす……53

1　**あんな詩・こんな詩**―あそぼう!読もう!書いてみよう!……大垣花子　54
1―ことばを声に出して遊ぶ（一年生）　54
2―まねっこ詩づくり（二年生）　57
3―表現を入れて読む（四年生）　58
4―「卒業・きりなしうた」（二年生）　60
5―あふれる思いをことばに（六年生）　62

2　**物語の世界を朗読で表現しよう**　朗読を中心にした授業の展開……刀禰佳夫　65
●―表現を中心にした活動の展開例　65

3　**古典の授業の中でできる朗読**……藤田昌子　70
1―落語「三方一両損」　70
2―歌舞伎「外郎売り」　72
3―百人一首　73
4―平家物語「扇の的」・「敦盛の最期」　74
5―漢文「論語」　75

第4章　群読を生かす……77

1　「夕日がせなかをおしてくる」を群読する……刀禰佳夫　78
1―第一連をどう読み深め表現を工夫したか　78
2―第二連をどう読み深め表現を工夫したか　79
3―第三連について　80
4―できあがった群読台本をどう演じたか　81

2　「白いぼうし」を音読劇にする……玉垣淳子　82
1―初発の感想から　83
2―第一場面の様子　音読劇のやり方を知る　83
3―第二場面の様子　場を設定し、動作を工夫する　84
4―第三場面の様子　ふしぎな女の子について考え、表現する　85
5―第四場面の様子　誤った読みを修正する　85
6―全体を通しての発表　86
7―音読劇をやってみて　子どもたちの感想　87
8―終わりに　88

3　「宮沢賢治作品集」を群読する……松宮文子　89
1―なぜ宮沢賢治の詩を選んだのか　89
2―「原体剣舞連」について　89
3―構成と演出について　90
4―それまで取り組んで来たこと　91
5―発表を終えて　91
群読台本――「宮沢賢治作品集」より　構成＝松宮文子　92

4　授業に生かす群読　『おくのほそ道』の授業をめぐって……大沢 清　96
1―群読の授業のねらい　96
2―『おくのほそ道』授業記録　記録者＝甕岡裕美子　98
3―群読の授業のポイント　102
4―群読台本例　「平泉」より生徒たちが作成したもの　103

第5章　これからの音声表現について―あとがきにかえて……刀禰佳夫　105

第1章

声を届けること・語ること

！声を届けること・語ること

福田三津夫

1　香山美子「ちいさい　おおきい」を遊ぶ

夏休み中の八月、ある小学校の校内研修会に呼ばれました。秋には学芸会があるということで、劇づくりの基本を指導してほしいというのです。年間を通して研究授業に講師として呼ばれているので、顔見知りの教師たちが対象です。クーラーの効いた教室に椅子だけが半円に並べてあります。学校長も当たり前のように参加しているところが嬉しいですね。

「それでは次の詩を立って一回、座って一回、それぞれ自分のペースでしっかり声を出して読んでください。」

ちいさい　おおきい

こうやま　よしこ

ちいさい　おおきい
ちいさい　おおきい
おおきくって　おおきくって　おおきくって

ちいさい
ぞうさんのなみだ
ちいさい　おおきい
ちいさい　おおきい
おおきくって　おおきくって　おおきくって
ちいさい
かばさんの　むしば
ちいさい　おおきい
ちいさい　おおきい
ちいさくって　ちいさくって　ちいさくって
おおきい
かえるのおなか

ちいさい　おおきい
ちいさい　おおきい
ちいさくって　ちいさくって　ちいさくって
おおきい
ありさんの　にもつ

ちいさい　おおきい
ちいさい　おおきい
ちいさくって　ちいさくって　ちいさくって
ちいさい
めだかの　あくび

ちいさい　おおきい
ちいさい　おおきい
おおきくって　おおきくって　おおきくって
おおきい
くじらの　くしゃみ

＊『ちいさい　おおきい』チャイルド本社

参加者は教師たちですから、ほとんどすらすら読み上げています。これは低学年の教科書に掲載されていた詩ですから、難しいことばはありません。劇づくりへのウォーミングアップといったところです。自分のペースで読むと読み終わるのに時差ができます。二度読みは時間調整とゆっくりの人へのちょっとした配慮です。

「この詩の登場人物は何人でしょうか。」皆さん、そんなこと考えてもみなかった、というような顔をしています。

「二人！」若い男性が大きな声で答えました。

「なるほど。……で、それは誰と誰ですか。」「……小さな男女。」

「何年生ぐらい？」「二年生ぐらいが良いかな。」他の人はそんなもんだろうというような顔をしています。

「二年生の男の子と女の子の会話とすると、どういう状況なんでしょうか。」「二人が言い争っているんじゃないかな。」

「ちいさい（男）　おおきい（女）ちいさい（男）　おおきい（女）ちいさくって　ちいさくって　ちいさくって（男）おおきい　かえるのおなか（女）」大きいが勝った、イエーイ！　という感じに展開するというのです。

「それはおもしろい。……隣の人とペアを組んで、役割を決めてください。最後まで読めたら役割交代して読んでくださいね。」

皆さん、だんだん元気になってきて、賑やかなことこの上ありません。

「言い争うといっても、けっこうおもしろがって楽しんでいるという感じでしょうかね。」

「さて、今度は団体戦です。小さい派と大きい派に分かれてもらいます。声は揃えなくても良いです。おもしろがって楽しんでいるという感じでやってみましょうか。ことばと気持ちはしっかり相手側に伝えてくださいね。」

普段あまり目立たない人がけっこう表現力が豊かだったり、いつも元気な人が無骨な感じだったり、新しい発見が必ずあるものです。

「この詩を一人でつぶやくという状況は想像できますか。」「……一人で想像しながら答えを見つける場面というのはどうでしょうか。」それもできそうですよね。

「自問自答するやり方と、多くの人にクイズを出すように言うやり方もありそうですね。」

何人かにクイズ方式をやってもらいました。出問者の表情が相手を意識してにこやかになってきました。

「今度は自問自答するやり方で、それぞれひとり読みをやってみましょう。自由に場所を移動してやりやすいところでやってください。」

劇づくりのウォーミングアップはこうして終わったのです。

このことば遊びのワークショップで私が大切にしたのは次のようなことです。

① **誰が誰に語っているのかをはっきりさせる。**

② **どのような思いを届けようとしているのか強く意識し、表現しようとする。**

③ **相手のことばをしっかり受け止めて応答する。**

私はこの①から③までをひっくるめてスローガン的に〈**ことばと心の受け渡し**〉と言っています。私だけではなく、演劇教育を大切にする仲間たちは、このことには同意してくれるでしょう。

さて、こうしたことば感覚をどこから獲得したのか、次に考えてみたいと思います。

2――竹内敏晴の朗読源論を考える

日本演劇教育連盟（演教連）は朗読・群読・話し方といった「ことば」に関する考え方や実際的な実践方法を多くの講師たちから学んできました。ちょっと思い出しただけでも、伊達兼三郎・久米明・巌金四郎・冨田浩太郎・小沢重雄・永曽信夫・竹内敏晴・岸田今日子・小森美巳・酒井誠・太宰久夫各氏の名前が挙げられます。このそうそうたるメンバーで共同討議をしたわけではないのですが、それぞれの講座やワークショップに通底する「ことば観」があるように思われます。演教連に深く関わってくださった竹内敏晴さんの主張を思い起こしながらその周辺を探ることにしましょう。

演出家の竹内さんは、最初は岡倉士朗さんの演出助手として演教連の運動や研究に深く関わってくれた方です。１９５６年に始まった演劇教育指導者合宿研究会でも講師として参加されました。名著『ことばが劈かれるとき』（思想の科学社、①）が出版された後、やはり演教連が主催する演劇教育セミナーや全国演劇教育研究集会の講師をたびたび引き受けてくれました。私が出会ったのは後者でのことです。

その竹内さんが演教連の機関誌「演劇と教育」に「朗読源論への試み」という連載をしてくれたことがありました。これが元になって『話すということ《ドラマ》―朗読源論への試み』（国土社、②）という本になりましたが、この中に私たちが考えなければならない、ことば認識・読むこと・話すことの根源的な問題提起がなされています。
　その第一は、話しことばとは、他者に働きかける衝動がなければ生まれないという提起です。まずは何を伝えたいのかという思いが話すという行為には決定的に重要だということです。この本の中で次のように書いています。
「からだ全体が動いて、しっかりとからだの中から息が出てこなければ、声がちゃんと相手に届くはずはないのです。」(②)
　また『ことばが劈かれるとき』ではこのような書き方をしています。
「話しことばは、まずこえを発する衝動がからだの中に動かなければ生まれない。」(①)
　つまり、どのような思いを届けようとしているのか、そのことをしっかり確認する必要があるということです。
　次に、ことば（言語）の機能とは何かということを明確にすることが必要だというのです。彼は、メルロ＝ポンティの『知覚の現象学』を紹介しながら、言語の二つの機能「まことのことば」「制度化されたことば」について書いています（『声が生まれる』中公新書）。竹内さんがメルロ＝ポンティから読み取ったもう一つの言語機能は「呼びかけ」ということです。
　竹内さんは演劇集団「ぶどうの会」で演出家としてスタートします。ここはモスクワ芸術座の演出家であり俳優だったスタニスラフスキーの方法を実践する集団でした。劇団で学び確認してきた、一つの台詞は「全存在を賭けた、相手に対する働きかけとしてのアクション」（『竹内敏晴の「からだと思想」１』藤原書店）というスタニスラフスキーと、メルロ＝ポンティの「呼びかけ」が竹内さんのなかでクロスしてくるのです。
　わかりやすいことばで次のように書いています。
「話しことばはまずなによりも他者への働きかけです。相手に届かせ、相手を変えること。」(①)
　さらにこのような言い方もしています。
「話しことばとは、発話する主体が音声を空中に散らばすことではなく、からだ全体で相手に働きかける人間行為の音声的な一側面にすぎない、ということです。」(②)
　それでは、話しことばと朗読の関連性についてはどう考えていたのでしょうか。
「朗読とは、独り言ではなく、聞き手に対して話しかけることなのだということ、また、たいていの場合、朗読というと、決まった文章をいかにうまく読みこなすかということにおちいるのですけれども、まずともかく、これは話しことばであって、そのことばがただ、あらかじめ決まっているだけだというふうに考えるべきではないかということ。」(②)
　つまり、この二つは基本的には大きな違いはないということです。話しことばの延長上に書きことばがあるという主張です。いかなる思いを、誰に向けて発信し、それらをどのように受け取るのかという応答性こそが意識される必要があるということなのです。

3 朗読劇で「はのいたいワニ」を遊ぶ

ラボ教育センター（ラボ）という民間の教育団体があります。ユニークな英語教室というと語弊がありそうですが、地域での演劇教育を展開している団体といっても間違いではないでしょう。物語のテーマを話し合い、イメージを広げ、その世界をことばや身体で表現していく「テーマ活動」がその活動の中核です。嬉しいことに日本全国のラボの支部からたびたびワークショップに講師として呼ばれました。内容は一貫して〈ことばと心の受け渡し〉ワークショップです。

小学校の体育館の半分くらいの、地域のホールに小学生から高校生まで六十名ほど並んで座っていました。異年齢のグループを三つつくってくれていたようです。

簡単な朗読劇をやってみました。まずは私の読み語りからです。子どもたちは手元にプリントが用意されています。

はのいたいワニ

さく・シェル＝シルバースティン
やく・かみやたかこ

ワニがはいしゃにいっていすにすわった。

はいしゃはいった。

「ねえ、ワニくん、どうしたんだ？　どこがいたいんだ？」

ワニはいった。

「はがどうしょうもなくいたいんだ。」

そしてワニは口を大きく、大きくあけた。

はいしゃは、ワニの口の中によじのぼってそしていった。

「こりゃ、そうとうなもんだ。」

はいしゃは、ワニの歯を一本一本ぬきはじめた。

「いたい！　いたいよ！　ペンチをおいて、もういいよ。」

とワニはさけんだ。

だけどはいしゃは、ハハハと笑っていった。

「あと十二本もある。おっと、これはちがうはだった。ごめん。だけど、まったく何というはだろ。」

とつぜん、口がガバっとしまった。

はいしゃは地球から消えた。

きたかみなみかひがしかにしか、どこへ行ってしまったのか。

はいしゃは引っこし先の住所をのこしていない。

まったく、何というはいしゃだろう。


「さてこの物語を朗読劇というやり方でみんなであそんでみたいと思います。」

高校生十人に前に出てきてもらいました。オーソドックスなやり方を確認するためです。

「まずはワニと歯医者を決めましょう。」時間をかけずにさっと決まるところが日頃から表現活動に取り組んでいるラボらしいのです。男の子と女の子がさっと手を上げました。

ワニが男子、歯医者が女子で異議なしです。残りの八人はナレーターということになります。高校生たちは小中学生たちの前に横一列に立ちました。

「じゃあ、ナレーターは主役の２人の後ろに半円で囲んでください。」

「物語が短いのでナレーションはひとり一文ずつということにしましょう。最初は題名からどうぞ。」

『はのいたいワニ、さく・シェル＝シルバースティン、やく・かみやたかこ』「良いね、最初から声が出ている。……誰に向かって、どんな気持ちで読むんだろう。」「聞いている人に向かって、さあ、こんな話をしますよという気持ちで読みたいです。」さすが高校生、充分な答えかもしれない。

『ワニがはいしゃにいっていすにすわった。』というナレーションと共にワニと歯医者は動き始めます。歯医者がカルテを揃えているところに、歯が痛くてほっぺを押さえたワニが登場します。

『はいしゃはいった。』ナレーターは二人の動きを確認しながら観客に語ります。

『ねえ、ワニくん、どうしたんだ？　どこがいたいんだ？』ここは明確に歯医者がワニに尋ねるのです。椅子が二つ用意できればそれも良いでしょう。

『ワニはいった。』

『はがどうしょうもなくいたいんだ。』

『そしてワニは口を大きく、大きくあけた。』ワニ役の男子、ここで両手を上下に大きく開いたのです。ワニの大きな口を表しているのは間違いありません。

『はいしゃは、ワニの口の中によじのぼってそしていった。』

『こりゃ、そうとうなもんだ。』歯医者はパイプ椅子にのって叫びました。一人のナレーターが支えています。

『はいしゃは、ワニの歯を一本一本ぬきはじめた。』歯医者が歯を一本ずつ抜くのにあわせてワニの悲鳴が響きます。

『いたい！　いたいよ！　ペンチをおいて、もういいよ。』

『とワニはさけんだ。』

『だけどはいしゃは、ハハハと笑っていった。』「ハハハ」はもちろん歯医者の台詞。

『あと十二本もある。おっと、これはちがうはだった。ごめん。だけど、まったく何というはだろ。』やりたい放題の歯医者、遊んでいる風でもあります。

『とつぜん、口がガバっとしまった。』ワニの大きな口を表していた腕が畳まれると歯医者は消えます。さてどうしたものでしょうか。ワニの後ろに隠れても良いし、工夫のしどころです。

『はいしゃは地球から消えた。』ここからは全員で余韻を残しながら観客に語りかけるように読んでも良いですね。

『きたかみなみかひがしかにしか、どこへ行ってしまったのか。』

『はいしゃは引っこし先の住所をのこしていない。』

『まったく、何というはいしゃだろう。』

最後は全員でお辞儀をして終わりにしても良いかな。拍手が起こること請け合いです。

「さて、物語の内容はわかったと思うので、それではここからはみんなの得意な『テーマ活動』です。」

テーマ活動というのは、物語をすべてからだで表現する活動のことです。関矢幸雄さんの提唱された素劇に近いものです。照明は地明かりで、背景や大小の道具、衣装など一切使いません。主人公の心象風景なども集団で表現することが多いのです。

高校生を中心にテーマ活動づくりが始まりました。日常的にこうした活動を異年齢で取り組んでいるのでお手の物です。三十分後には発表会が開かれました。一つとして同じ表現方法はなかったのです。

さらにびっくりしたのはテューターと呼ばれている「指導者」数人のグループの表現の見事さでした。演劇教育の指導者の資質を見事に体現しているのでした。

4 ――〈遊ぶ〉感性を磨く

「はのいたいワニ」のグループ発表は実に楽しいものでした。

あるグループでは、ワニと歯医者以外はすべて一人ひとりが歯に変身したのです。歯形のように半楕円形に座りました。ナレーターももちろん彼らの役目です。

ワニが頬を押さえて病院にやってくるところでは、歯たちは痛がって暴れ出しそうです。ワニとの掛け合いが絶妙です。歯医者はペンチなんて言ってられなくて、両手で歯たちを抜きにかかります。歯はワニそのもので、抜かれるたびに悲鳴を上げます。数本抜かれたところで歯たちの逆襲が始まります。全員では医者に覆い被さったのです。『はいしゃは地球から消えた。……』歯たちが全員起き上がって、最後のナレーションで閉めたのです。

このグループは練習から楽しそうでした。主人公以外は歯になるということが決まってからは、ある統一の下、それぞれが自分のイメージで自由に動いていたのです。これはまさに遊んでいたということに他なりません。だから子どもたちの活動が喜々として、輝いて私に見えたのではないでしょうか。

遊びの感性を大切にするということは演劇教育にとって不可欠とも言えるものなのです。一つの例として、ラボという地域での演劇教育の取り組みについて触れてきましたが、学校教育でも何ら変わることはありません。そして教師たち大人とのワークショップでも遊びは重要な鍵になっていたのです。生き生きしたことばや豊かな身体表現の根底には遊びが存在していると言っても過言ではありません。

ところで、最初に遊び論を集大成したのがオランダの歴史家、ヨハン・ホイジンガと言われていますが、彼の主張を簡潔に要約すると次のようになります。

「人間のもろもろのはたらき、生活行為の本質は何であるか、人間存在の根源的な様態は何かという問いに達したとき、ホイジンガの確信した結論は『人間は遊ぶ存在である』―ホモ・ルーデンス Homo ludens（遊ぶ人）という以外ではありえなかった。」（『ホモ・ルーデンス』高橋英夫訳、中公文庫、訳者解説より）

フランスの作家・批評家、ロジェ・カイヨワはこのホイジンガの考えをさらに発展させた人として注目すべき人物です。『遊びと人間』（多田道太郎・塚崎幹夫訳、講談社学術文庫）が読みやすく、お勧めです。以下は同書の引用です。

「ホイジンガは遊びの動機として『競争』と『模擬』の二つのカテゴリしか提出しえなかったのに対し、カイヨワは、『本質的で他に還元不能の諸衝動』に照応した遊びの基本的カテゴリとして『競争』『模擬』のほかに『運』と『眩暈』を提出しえた。」

ここでは、劇的な遊びは「模擬」に分類されています。

竹内敏晴さんに多大な影響を与えたピアジェについて、劇作家で劇あそび研究者の小池タミ子さんは次のように紹介しています。

「フランスの心理学者、ジャン・ピアジェは、『象徴遊び』を説明するなかで、子どもの心と、まわりのものとの関係を、『同化』『調整』という二つのことばで表しています。」（『劇あそびの基本』小池タミ子、晩成書房、『幼児の劇あそび』国土社、を改題したもの）

最後に、遊び論としてはとてもわかりやすい汐見稔幸さんのことばを紹介しましょう。

「遊びをつうじて育つものは運動能力や、じょうぶなからだだけではありません。五感というのは、視覚、聴覚、嗅覚、味覚、触覚ですが、子どもたちは遊びをとおして五感を育て、工夫する力や、自然や人とコミュニケーションする力など、さまざまな能力を育てます。これらの能力は「生きていくための基礎力」とも呼べるもので、やる気や集中力、社交性、協調性、ストレスに耐える力などにもつながっていくものです。社会が大きく変わろうとしているこの時代、社会で生きぬくためのこうした「身体力」ほど、必要とされる能力はありません。」（『子どもの身体《からだ》力の基本は遊びです』旬報社）

私は、演劇教育の本質は〈遊ぶ〉感性を磨くことと、〈ことばと心の受け渡し〉を教育全般に行き渡らせることだと思っています。この「ことば」編には随所にそれらが垣間見られます。それこそ楽しんで、遊び感覚で本書を読み進めてみてください。きっと実践のヒントが多く発見されることでしょう。

【参考図書】

・菅吉信『朗読指導の実際』晩成書房、一九七九年
・竹内敏晴『話すということ《ドラマ》―朗読源論への試み』国土社、一九八一年
・『詩の授業』谷川俊太郎・竹内敏晴・稲垣忠彦・国語教育を学ぶ会、国土社、一九八八年
・『「日本語」の授業』谷川俊太郎・竹内敏晴・稲垣忠彦・佐藤学・国語教育を学ぶ会、国土社、一九八九年
・「ことばの教育と朗読」『新・演劇教育入門』日本演劇教育連盟編、晩成書房、一九九〇年
・『演劇クラブテキスト』日本演劇教育連盟編、晩成書房、一九九〇年
・葛岡雄治『群読―表現教育としての』晩成書房、一九九三年
・『授業のなかの朗読』日本演劇教育連盟編、晩成書房、一九九八年

第2章

ことばあそびを遊ぶ

1 ことばあそび

内部恵子

子どもの声が好きです。母親の笑顔や優しい声に誘われて生まれる乳児の喃語、抱かれながら甘えた響きでお話する幼児の声、夢中になって遊んでいる活力に満ちた児童の声……みんな本来、いい声をもって生まれてきているのだと実感します。子ども時代は、「感情豊かな生きた言葉」をしっかりと身につけることが大切です。それは子どもたちの現実の生活場面における、具体的な状況や行動に支えられて獲得された言葉です。

しかし、果たして教室の子どもたちは、どの子も生き生きと躍動感溢れた声を出すことができているでしょうか。言語行為は、自分と親しい信頼できる人との会話で掘り下げられていきます。ただ、どの子も幼児期に大人との十分な会話の機会を持っていたとは限らないし、いつも寝る前に絵本の読み聞かせをしてもらっていた子ばかりではありません。だからこそ、小学校のひらがな入門期からあふれるほどのことばあそび、言葉体験を楽しむ機会を数多く持ちたいと思います。

子どもたちのためにつくられた素敵な児童詩がたくさんあります。詩は短い選ばれた言葉の連なりが、見事なひとつの魅力ある世界を形づくっています。特に子どもたちに向けて書かれた児童詩は日常語で書かれているので、音として耳に入ればすぐに心に届きます。詩から豊かに想像の翼を広げた子どもたちは、一瞬のうちに教室を野原や大海原や栗林に変えていくことができるのです。

文字言語と共に音声言語としての日本語を学ぶことの大切さは、学習指導要領にも明記されています。ことばあそびは、国語科で音声言語を学ぶよい言語活動例の一つといえます。日本語はいつの間にか話せるようになるのではありません。

実際に声を出して読んだり、時には声を重ねたり、かけ合いで読んだり、動きをつけて読んだりと、多様なことばあそびを楽しんでいるうちに、日本語の美しいリズムや響きも体感でき、音声表現力も高まるのです。

最初は指導者がリードして、ことばあそびの楽しい体験を数多くできるようにしましょう。そのうち、子どもたちから、「この詩で、こうやって遊ぼう」という提案が生まれてきます。雨の日や休み時間の教室で、一編の詩を囲んで子どもたちだけでことばあそびを楽しむ姿は微笑ましいものです。

もう一つ、ことばあそびをする上で、非常に大事なことは雰囲気です。誰もが、難しい表情の大人と遊びたいとは思いません。ことばあそびでは、素の状態で自分を出せる雰囲気が欠かせません。何でも言えて、何でも受け止めてくれる安心できる学級集団、穏やかな笑顔の先生、そんな環境でこそ、ことばあそびの発想がどんどん広がり、子ども主体の表現あそびが豊かに展開されていきます。

次にことばあそびの具体的な事例を紹介します。

1　音を重ねる　……「くん ぽん わん」「とっきっき」
2　かけ合い　……「お茶の時間」「さかなやのおっちゃん」
3　げきあそび・カノン・しりとり・メロディーにのせて
……「あいさつ」「きのうえで」「かっぱ」「きつつき」「きりなしうた」「ちょうちょう」「なないろドレミ」

1――音を重ねる

言葉の音で遊ぶことは全学年で楽しめます。またこれは後の群読に繋がります。

1■「くん ぽん わん」谷川俊太郎（『いちねんせい』小学館）

・まずは、表の一番上段の詩（本来の詩。ここでは原詩と呼ぶ）を口形、呼吸、姿勢に気をつけて正確に読みます。その後、各行を2拍子のリズムに合わせて読んだり、言葉から情景をイメージしたりして読みます。
・読み手を二グループに分けて、原詩と表の①、原詩と表の②、原詩と表の③、原詩と表の④というように、声を重ねて読みます。
・読み手を五グループに分けて、原詩と表の①～④の全部を、一斉に同時並行で読むことも楽しいものです。
・表の④はラ・ファ・ソ・ドの音階で、メロディーにのせて読むこともできます。

原詩	くん ぽん わん		こいぬが くん	きつねが こん
①	くん ぽん わん		くんくん くん	こんこん こん
②	くん ぽん わん		くくん くん	ここん こん
③	くん ぽん わん		くーん くん	こーん こん
④	くん ぽん わん		くんこんけんきん	くんこんけんきん

きじなら　けん	けんけん　けん	けけん　けん	けーん　けん	くんこんけんきん
ぴかぴか　きん	ぴかぴか　きん	ぴかっ　きん	ぴーか　きん	くんこんけんきん
いたいよ　ぴん	ぴんぴん　ぴん	ぴぴん　ぴん	ぴーん　ぴん	ぴんぷんぱんぽん
おこって　ぷん	ぷんぷん　ぷん	ぷぷん　ぷん	ぷーん　ぷん	ぴんぷんぱんぽん
おいしい　ぱん	ぱんぱん　ぱん	ぱぱん　ぱん	ぱーん　ぱん	ぴんぷんぱんぽん
おてだま　ぽん	ぽんぽん　ぽん	ぽぽん　ぽん	ぽーん　ぽん	ぴんぷんぱんぽん
きばって　うん	うんうん　うん	ううん　うん	うーん　うん	うんおんえんわん
すいっち　おん	おんおん　おん	おおん　おん	おーん　おん	うんおんえんわん
まるいは　えん	えんえん　えん	わわん　わん	えーん　えん	うんおんえんわん
おやいぬ　わん	わんわん　わん	わわん　わん	わーん　わん	うんおん・わん

せます。言葉からイメージして描いた絵を、紙芝居のようにめくりながら読むことも楽しいです。その不思議な生き物になりきって、踊りながら読む子も現れます。

・読み手をグループに分けて、原詩と表の①～⑤のどれかを、同時並行で、声を重ねて読んでもいいし、全部を一斉に、声を重ねて読むのも面白いです。

2■「とっきっき」谷川俊太郎（『わらべうた』集英社）

・まずは、表の一番上の原詩を口形、呼吸、姿勢に気をつけて正確に読みます。各行は2拍子でリズミカルに読みます。

・「とっきっき」「とっぽっぽ」「とっくっく」「とっぴっぴ」「とっせっせ」「とっけっけ」、このどれもが何か不思議な生き物を想像さ

・表の①は「とっきっきの　ふくろから」の後半の言葉を繰り返し、②〜⑤は、前半の「とっきっきの」だけを変えています。異なる言葉を同じリズムで読むことで生まれる音色や響きが面白いのです。また、一緒に読む箇所が所々にあると、読み手は一体感を感じて安心できます。表の例以外に、「とっききき」「きーーきっ」「ときときとき・」「・とっ・きっ」など、いろいろなバリエーションが考えられます。要するに2拍子でおさまる言葉なら全て大丈夫。子どもたちは試行錯誤しながらいろいろ考えることを、とても喜びます。

原詩	①	②	③	④	⑤
とっきっき	とっきっき	とっきっき	とっきっき	とっきっき	とっきっき
・・	・・	・・	・・	・・	・・
とっきっきの	ふくろから	とっきとっき	とっ・きっ・	とーーきっ	きっ・きっ・
ふくろから	ふくろから	ふくろから	ふくろから	ふくろから	ふくろから
とっぽっぽが	ふくろから	とっぽとっぽ	とっ・ぽっ・	とーーぽっ	ぽっ・ぽっ・
とびだした	とびだした	とびだした	とびだした	とびだした	とびだした
とっぽっぽを	たたいたら	とっぽとっぽ	とっ・ぽっ・	とーーぽっ	ぽっ・ぽっ・
たたいたら	たたいたら	たたいたら	たたいたら	たたいたら	たたいたら
とっくっくが	こぼれでた	とっくとっく	とっ・くっ・	とーーくっ	くっ・くっ・
こぼれでた	こぼれでた	こぼれでた	こぼれでた	こぼれでた	こぼれでた
とっくっくの	かわむけば	とっくとっく	とっ・くっ・	とーーくっ	くっ・くっ・
かわむけば	かわむけば	かわむけば	かわむけば	かわむけば	かわむけば

とっぴっぴが
あらわれた
とっぴっぴを
わってみりゃ
とっせっせが
ねむってた
とっせっせの
ゆめのなか
とっけっけが
うごめいた
・・

あらわれた
あらわれた
わってみりゃ
わってみりゃ
ねむってた
ねむってた
ゆめのなか
ゆめのなか
うごめいた
うごめいた
・・

とっぴとっぴ
あらわれた
とっぴとっぴ
わってみりゃ
とっせとっせ
ねむってた
とっせとっせ
ゆめのなか
とっけとっけ
うごめいた
・・

とっ・ぴっ・
あらわれた
とっ・ぴっ・
わってみりゃ
とっ・せっ・
ねむってた
とっ・せっ・
ゆめのなか
とっ・けっ・
うごめいた
・・

とーーぴっ
あらわれた
とーーぴっ
わってみりゃ
とーーせっ
ねむってた
とーーせっ
ゆめのなか
とーーけっ
うごめいた
・・

ぴっ・ぴっ・
あらわれた
ぴっ・ぴっ・
わってみりゃ
せっ・せっ・
ねむってた
せっ・せっ・
ゆめのなか
けっ・けっ・
うごめいた
・・

はじけろ　はじけろ　とっけっけ
かおだせ　てをだせ　わらいだせ

2――かけ合い

読み手がグループに分かれて、交互にかけ合いで読むことも楽しいものです。

「きりなしうた」（谷川俊太郎）のように、詩自体がかけ合いになっている作品も多くあります。詩の一部をかけ合いにしても楽しいです。

3■「お茶の時間」島田陽子（『かさなりあって』大日本図書）

・まずは、口形、呼吸、姿勢に気をつけて正確に読みます。各行は四拍子のリズムに合わせて読みますが、二行目、三行目は（　）内の言葉を付け足したほうが調子よく読めます。

・一連、三連は全員で読み、真ん中の二連はAとBがかけ合いで読みます。

間髪入れず勢いよく、言葉をせめぎ合うように読みます。ただし、早口になっても、発音は明瞭に。よい発音・発声も身に付き、滑舌もよくなります。

・かけ合いをするグループのほかに、声で「ちゃ・ちゃ・ちゃ・」、「ちゃちゃっ・ちゃちゃっ・」、「ちゃーちゃ ちゃーちゃ」などの四拍子のBGMを入れると、読み声に厚みが出てきます。（　）内は筆者の付け足しです。

おちゃのじかん　　島田陽子

まいにちのむちゃ　おいしいちゃ
からだに　めちゃめちゃいいちゃ（ちゃ）
のまなくちゃ（・のまなくちゃ・）　＊（　）内は筆者による補足

A
りょくちゃ　こうちゃ
むぎちゃ　くこちゃ
うめちゃ　こぶちゃ
まっちゃ　せんちゃ
ばんちゃ　ほうじちゃ

B
ウーロンちゃ
げんまいちゃ
だいふくちゃ
ジャスミンちゃ
ひやして　れいちゃ

いつでものむちゃ　すきなちゃ　どのちゃ
おしゃべり　ぺちゃくちゃ／たのしいティータイム　＊原詩は、／で改行

4■「さかなやのおっちゃん」畑中圭一（『すかたんマーチ』らくだ書房）

・いわしを売ってる魚屋のおっちゃんと、客のおばちゃんとの大阪弁の軽妙なやりとりが抜群の詩です。この詩では魚屋とおばちゃんがかけ合いで読むと楽しく遊べます。おっちゃん役にはタオルで頭にハチマキをしましょう。

・「魚屋のおっちゃんになりたい人！」と聞くと子どもたちは一斉

に手を挙げます。各連ごとにおっちゃんを決め、三人のおっちゃんを囲むようにして、他のみんなはおばちゃんになります。そしてかけ合いでこの詩を読みます。

・おばちゃんが「ほんまかいな」「そんなあほな」「もうやめとき」と言う時の気持ちを、違いがわかるように読むと、より様子が立体的に伝わります。

・どれだけ大阪のおっちゃん、おばちゃんになりきって言えるかが勝負。見事になりきれた子は、大喝采がもらえます。

さかなやのおっちゃん

畑中圭一

●さあ　こうてや　こうてや
ててかむ　イワシやでえ
おてて　かみまっせ
　○ほんまかいな
　おっちゃん

●さあ　こうてや　こうてや
とれとれの　イワシやでえ
まだ　およぎまっせ
　○そんなあほな
　おっちゃん

●さあ　こうてや　こうてや
ぴんぴんの　イワシやでえ
ぴぴんと　はねまっせ
　○もう　やめとき
　おっちゃん

●おっちゃん
○おばちゃん

3 ――― げきあそび・カノン・しりとり・メロディーにのせて

5■げきあそび

「あいさつ」、「きのうえで」（共に工藤直子『のはらうた』童話屋）などは、作品世界をげきあそびのように演じながら楽しみます。

「あいさつ」では、教室が一瞬のうちに春うららかな野原に変身。へびになって散歩をしたい子どもたちは、へびの頭や胴やしっぽになってつながります。他の子どもたちは野原の木や花やお日様や風などになりきって動きます。みんなで詩を読みますが会話文はへびだけ。「おおい　げんきかあ」とへびの頭グループがよびかけると、「げんき　ぴんぴん！」としっぽグループが元気いっぱいの声で返すのです。このやりとりはどの子もお気に入りで、その後の日常会話でもよく登場します。

あいさつ

へびいちのすけ

さんぽをしながら／ぼくは　しっぽに　よびかける／
「おおい　げんきかあ」／
すると　むこうの　くさはらから／
しっぽが　ハキハキ　へんじをする／「げんき　ぴんぴん！」
ぼくは　あんしんして／さんぽを　つづける

＊原詩は、／で改行

「きのうえで」は、身の軽いこざる、母さんざる、兄さんざるは真ん中に。他のみんなはさる家族を囲む森の木の枝や空や雲になります。みんなはこの詩を読みながら、ふさわしい動きをしていきます。詩のリズムに合わせて動くさるたちの身のこなし、たわむ枝、ゆれる葉っぱ。まさに教室が森になり、「はっぱが　ぱちぱち　はくしゅする」音も聞こえてきそうです。

きのうえで

こざるいさむ

ちいさい　ころは　かあさんの
おなかのかげから　ながめてた
あおい　おそらや　しろいくも
ゆれる　はっぱや　えだのさき

おおきく　なって　にいさんの
おしりの　あとを　くっついて
えだから　えだへ　いち・に・さん
ときどき　おちて　ないたっけ

いまでは　ぼくも　いちにんまえ
きのぼり　じゃんぷ　ちゅうがえり
ひらり　あざやか　めいじんだ
はっぱが　ぱちぱち　はくしゅする

6■カノン

「かっぱ」「うそつき」（共に谷川俊太郎『ことばあそびうた』福音館書店）など外在的なリズムのある詩（言葉に同じ規則的なリズムがある詩）は全てカノンで遊べます。

同じ旋律を、スタートをずらして重ねる音楽のカノンのように、スタートをずらして詩の言葉を重ねて楽しんでみましょう。

「かっぱ」は各行、四拍子のリズムで読めるようになってから、一行ずつスタートをずらしていきます。

「かっぱ」（谷川俊太郎）カノン例

		A	B
はじめに	1	かっぱ かっぱ かっぱ かっぱ	
	2	かっぱ かっぱ かっぱ かっぱ	かっぱ かっぱ かっぱ かっぱ
	3	・・・・	・・・・
一連	4	かっぱ かっぱ らっ た	
	5	かっぱ らっぱ かっぱ らった	かっぱ かっぱ らっ た
	6	とって ちって た ・	かっぱ らっぱ かっぱ らった
	7	とって ちって た ・	とって ちって た ・
	8	・・・・	・・・・
二連	9	かっぱ なっぱ かっ た	・・・・
	10	かっぱ なっぱ いっぱ かった	かっぱ なっぱ かっ た
	11	かって きって くっ た	かっぱ なっぱ いっぱ かった
	12	かって きって くっ た	かって きって くっ た
	13	・・・・	・・・・
終わりに	14	かっぱかっぱ かっぱかっぱ	
	15	かっぱかっぱ かっぱっ ぱ	かっぱかっぱ かっぱっ ぱ

「うそつききつつき」は各行、二拍子のリズムで読めるようになってから、一行ずつスタートをずらしていきます。

教室の子どもたちを二グループに分けてカノンするのも楽しいですが、二人や四人ですればアカペラの重唱のように聞こえます。言葉の重なりが美しい響きを生み出し、言葉のリズムに乗る心地よさも体感できます。楽しみながら、「か」や「ぱ」の強く破烈するかたい響き、破擦音「つ」の詰まる感じにも気づき、発音も明瞭になっていきます。

「うそつききつつき」（谷川俊太郎）カノン例

		A	B
はじめに	1	うそつき　きつつき	
	2	うそつき　きつつき	うそつき　きつつき
詩	3	・　・	・　・
	4	うそつき　きつつき	
	5	きはつつかない	うそつき　きつつき
	6	うそをつきつき	きはつつかない
	7	きつつく	うそをつきつき
	8	うそつききつつき	きつつく
	9	つつきにつつく	うそつききつつき
	10	みかづきつくろと	つつきにつつく
	11	きつつく	みかづきつくろと
		きつつく	きつつく
	12	・　・	・　・
終わりに	13	うそつき　きつつき	うそつき　うそつき
	14	うそつき　きつつき	きつつき　きつつき

7■しりとり

しりとりを想定してつくられた詩が多くあります。「きりなしうた」（谷川俊太郎『わらべうた』集英社）、「ちょうちょう」（畑中圭一『すかたんマーチ』らくだ書房）などの作品は、どの子も大好きです。

ちょうちょう

はたなかけいいち

ちょうちょを　つかまえ／そんちょうに　あげた／／
そんちょう　てちょうに／ちょうちょを　はった／／
てちょうを　くわえて／だちょうが　にげた／／
だちょうを　おいかけ／そんちょう　きんちょう／／
きんちょう　しすぎて／もうちょうに　なった／／
もうちょうの　しゅじゅつは／いんちょうの　はかせ／／
もうちょうの　しゅじゅつに／ほうちょう　もった／／
ふちょうが　おどろき／いんちょうを　ぶった／／
いんちょう　ぶたれて／いちょうが　いたむ／／
だいちょう　ぼうちょう／かんちょう　したら／／
だいちょう　かいちょう／いんちょう　にこり／／
しんちょうの　せびろで／／かちょうを　つれて／／
いんちょう　でかけた／ちょうちょを　とりに／／

＊原詩は、／で改行、／／連の終わり。

「ちょうちょう」の詩は、可憐で美しい蝶々の詩ではありません。「ちょうちょ」「そんちょう」「てちょう」「だちょう」「きんちょう」「もうちょう」「いんちょう」「ほうちょう」「ふちょう」「いちょう」「だいちょう」「ぼうちょう」「かんちょう」「かいちょう」「しんちょう」「かちょう」と、「ちょう」の付く言葉が続出する十三連のことば遊びの詩です。前の連の「○○ちょう」が次の連にもあらわれ、言葉がどんどんつながり、ひとつのストーリーが生まれていきます。十三連が終わるとまた一連に戻るという、終わりのない詩であることも面白いです。この詩を読むと、低学年は滑舌・発音が良くなり、ひと息で読むことに挑戦する高学年は、深い呼吸ができるようになります。

＊「きりなしうた」は47ページ参照。

8■メロディーにのせて

短い詩なら全部、長い詩なら一部でも、言葉に即興でメロディーをつけて歌うことも楽しいものです。私は「なないろドレミ」（工藤直子『絵本のはらうた』童話屋）と初めて出会った時、「ドレミファソラシド」の上がる音階で、「ニ・ジ・ミ・ロ・ソ・ラ・マ・ニ～」と歌うと、絵本にある大きな虹が自分の目の前に出現したように思え、「ドシラソファミレド」の下がる音階で、「ニ・マ・ラ・ソ・ロ・ミ・ジ・ニ・～」を歌うと虹が消えように思えました。

なないろドレミ

にじひめこ

ニ・ジ・ミ・ロ・ソ・ラ・マ・ニ～
ニ・マ・ラ・ソ・ロ・ミ・ジ・ニ・～

ことば遊びは、声や言葉に敏感な子どもを育てます。言葉から辞書的意味だけでなく、大きな世界をイメージできる子どもに、ものおじしないで言葉を通したコミュニケーションができる子どもにしていきます。教室で多様なことば遊びが展開されることを期待しています。

2 ことばを文字に閉じこめない

霜村三二

からだをカタくすることを強いる教室場面が増えています。「学習スタンダード」と称し、学びを規律やマニュアル漬けにして、子どもと教師を窒息寸前にしています。「学力向上」のかけ声が、その教室の、その教師の、その子どもたちのという個別性や個性を踏みにじり、速さと量だけの学習時間を求めます。

だからこそ、現場に立つ教師はスローで質のともなった声の往還する学びの場をつくりたいと思います。そのときに人としての根っこにある「ことば」そのものと向きあう時間が、どうしても必要です。

ことばは「音声」と「意味」からなります。教室ではともすると「意味」に偏ったことばの学びになっていますから、「音声」と「意味」の両方であそぶこと、それをつなぐ「表現」こそポイントにします。ことばを文字にとじこめないことがそれです。

子どもたちの学びを薄っぺらなものにせず、身体表現に開いていくときに励ましてくれるのは、まど・みちお、谷川俊太郎、阪田寛夫という詩人たちです。これらの詩をあそんでみると…。

1――まど・みちおの詩をあそぶ

ともだち　まど・みちお

ともだち　いるぞ
いっぱい　いるぞ
いちねんせいだぞ
わっはっはっは
かぜふけ　あめふれ

わっはっはっは

子どもたちと校庭に出ます。横一列に並んだ子どもたち。ぼくは子どもたちと十五メートルほど離れて立ちました。

「足を開いて立つ！」大きな声で叫びます。「両手を腰に！」「胸を張って！」やって見せながらの声かけです。

「あとに続けて声を出すんだよ！　ともだち　まど・みちお！」戻ってきた声が小さいので、ぼくはさらに十メートルほど離れてお腹の底から「ともだち‼」と声をかけました。子どもたちは天に届けとばかりに声をあげました。

「ともだち　いるぞ‼」「いっぱい　いるぞ‼」〝のどちんこ〟も見えるほどです。「わっはっはっは‼」ここちよい笑いが広がりました。曇り空に向かって声を張りました。「かぜふけ‼　あめふれ‼　わっはっはっは‼」

上気した子どもたちの表情を見ていると、もう少し文字をあそびたくなります。

子どもたちをすべり台やうんていの上にあげました。ぼくは大型のジョウロを持ち出し、水を満タンにして、地面に十五メートルほどの巨大文字を書きました。

「さだ！」「しだ！」。さ行の五文字を書き終えたら、子どもたちを「さ」の始筆のところに一列に並ばせました。「スタート！」の合図で一人ずつこの巨大文字の上を筆順どおりに走らせました。「そ」にたどり着くころには、ハァ、ハァと息が上がっていました。全身を使って文字を体感した学びです。

ぼくのじ　まど・みちお

じ　じ　じ
ぼくが　かいた　ぼくのじ
きれいだろ　きれいだろ
よみにこい
おかしやさんも　(ソロ)
えんちょうさんも　(ソロ)
だいくさんも　(ソロ)
うんてんしゅさんも　(ソロ)
ゆうびんやさんも　(ソロ)
よみにこい

じ　じ　じ
ぼくの　かいた　ぼくのじ
ぼくのこだ　ぼくのこだ
ほめにこい
じどうしゃに　のって　(ソロ)
でんしゃに　のって　(ソロ)
ふねに　のって　(ソロ)
ひこうきに　のって　(ソロ)
せかいじゅうから　(ソロ)
ほめにこい

文字を書く、それだけですごい事なのに、自信なげに隠す子もいます。諸外国に比べ自尊感情の低い日本の子どもたち。根拠がなくてもいいから「ぼくってすごいだろう」と主張させたい。

六月の授業参観。二十センチ大の縦横のマス目のはいった正方形のカードを子どもたちに配りました。

「好きな一文字を書こう。書いたら後ろにいるおとなの人に〝じょうずでしょ〟と自慢してやろう」

書き終えた子どもたち、おとなの方を向いてカードを突き出し、掲げながら詩を読みます。「じ　じ　じ」。ソロパートも入れます。けれど、ぐるり取り囲んだおとなたちに気押されて子どもたちのからだはカタくなっていました。緊張をといてやらねばなりません。ぼくが「じじじ」とクレッシェンドして読むと、子どももおとなもびっくり。しかし、これで弾けた子どもたちでした。

「きれいだろ、きれいだろ」と堂々と威張られたら、否定できるわけもなく、「ぼくのこだ、ぼくのこだ」とうたわれたらその個性をほめないわけにいきません。「よみにこい」「ほめにこい」と声をあげる子どもたちにぼくはこう声をかけました。「お父さん、お母さんのところに行って、赤いクレヨンで花まるももらうんだ。自分の書いた字を自慢するんだ。いっぱいほめてもらうんだよ」。

おとなたちも照れくさそうだけれど、嬉しげに声をかけていました。親も子も幸せな授業参観です。

バナナのじこしょうかい　まど・みちお
――みぶんのひくいほうからじゅんに――

バナナです
バナナす
バナナで
バナナであります
バナナでありますです
バナナでございます
バナナでありますでございます
バナナざあます
バナナでありますでございますでざあます
バナナや

バナナに身分などあるわけがありません。擬人化された『バナナのじこしょうかい』を読むと、人間社会のおかしげな身分へのとらわれを、ユーモアたっぷりに衝くことになります。とりわけ〝儀式〟と称して「旗」に向かって恭しく礼を強要する教育現場で、身分を笑いとばしたいと思ってあそびます。

「バナナでィ」…てやんでィ、バカにするんじゃないぜィ。ヤンキー風に。

「バナナす」…チワー、配達に来ましたっす。

「バナナであります」…ワタクシがエライのであります。

「バナナでございます」…もみ手をしながらでございます。

「バナナざあます〜」…（口元を手でおおい）オーッホッホ、わたくしざあます〜。

「バナナや」…だれかおらぬか、リリーや。

子どもたちに「正しい」ことば遣いをさせようと、マニュアル言語が押しつけられています。形式的で、温かみに欠けることば。敬語表現の一律使用の傾向。過度な敬語表現は身分を絶対視する姿勢に通じます。目上の人とか、目下の人とかいう前にすべての人を尊重する態度を育てたい。まどさんは、人間だけでなくすべての存在するものに意味を見出し、価値を与える人です。

子どもたちのパフォーマンスとともに楽しみます。

（　　）はえらい　まど・みちお

（　　）は　えらい
でてきた　とき
きちんと
あいさつ　する

こんにちは　でもあり
さようなら　でもある
あいさつを…

せかいじゅうの
どこの　だれにでも
わかる　ことばで…

えらい
まったく　えらい

『（　　）は　えらい　まど・みちお』と黒板に書きます。何がえらいというのか。「せんせいはえらい」という子がいれば、「先生はえらくない」という子も。「私は、おかあさんはえらいと思う」という子もいます。えらいものが次々に出されるので、（　　）の中は空けたままにして、詩の全部を示しました。

全部を示しても、まどさんは一体なにがえらいというのか、子どもたちには皆目見当がつきませんでした。ぼくは、こんな詩を書いた「まどさんはえらい」といいたい。

子どもたちが何度も「教えて！」とせがむので、ぼくはオゴソカニ告げました。『おならはえらい』と。「えーっ！」と驚く子どもたち。「おならがえらい、だって!?」

この驚きに追い打ちをかけます。谷川俊太郎『おならうた』です。

おならうた　谷川俊太郎

いもくって　ぶ（ぶぶぶ）
くりくって　ぼ（ぼぼぼ）
すかして　へ（へへへ）
ごめんよ　ば（ばばば）
おふろで　ぽ（ぽぽぽ）
こっそり　す（すすす）
あわてて　ぷ（ぷぷぷ）
ふたりで　ぴょ（ぴょぴょぴょ）

おならを取り上げるなんてと眉をしかめるだろう、そんな「良識」派の批判は織り込み済みです。子どもたちは、〝おなら〟や〝おしっこ〟や〝うんこ〟などということばが大好きです。これらを「下品」として抑え込む方が、よほどイヤらしいでしょう。大事なことをユーモアでくるむからこそ下品さは消えるのです。ユーモアの無い教室のなんと冷え冷えすることか。

クラス一番のいたずらっ子のケイタに活躍してもらいましょう。給食着を着せ、鼻下に黒い紙をセロテープで貼ると「ドクター」の出来上がりです。この「ドクター」に「おならはえらい！」と熱弁をふるってもらえば教室中は大笑いです。


続いて九人の子どもたちに前に出てもらい、みんなの方におしりを突出すポーズで構えてもらいました。一人目の子が「いもくってぶ」と声だしてパフォーマンスをします。みんなには「ぶぶぶ」と受けてもらいました。最後の二人での「ふたりで　ぴょ」まで大笑いの連続です。

2――谷川俊太郎の詩をあそぶ

たいこ　谷川俊太郎

どんどんどん
　どんどこどん
どこどんどん
　どどんこどん

どどどんどん
　どこどんどん
どどんこどん
　どこどこどん

どこどこどこどこどこ
　たいこたたいて
どんどんどんどん
　どこへいく

谷川さんのオノマトペの詩です。たいこを持ち出して、それに合わせて声を出します。「どん」「どこ」「どどんこ」「どどどん」の四つの音の組み合わせしかないのに、ナント読みづらい事か。それが嬉しい。三連の「どこ」「どんどん」は音声でもあり、「どこ（何処）」「どんどん（副詞）」をかけたものです。

谷川さん自身はこの詩の音読を、遠くから音が聴こえだし、目の前を通過して、次第に消えていく（小声で始まり、声が大きくなり、小声に戻っていく）というようにふしぎな怪しげなたいこ叩きとして表現していました。

三パートに分け輪唱のように楽しむこと、「どんどん」や「どこどこ」をベース音にして、音読をかぶせるなどあそべます。音声であることばを楽しむことでイメージが広がります。

あるけ　あるけ　鶴見正夫

どこどん　どこどん
あるけ　あるけ。

ちきゅうの　たいこ
みんなの　足で
たたいて　あるけ。
そら、
どこどん　どこどん
あるけ。

どこどん　どこどん
あるけ　あるけ。
ちきゅうの　うらで、
だれかの　足も
たたいて　いるよ。
ほら、
どこどん　どこどん
あるけ。

『たいこ』の音あそびに続き、鶴見正夫さんの『あるけ　あるけ』も読みます。題名の「あるけ　あるけ」をタンテイしてみます。「あるく」と「あるけ」は違います。命令や指示だということ、繰り返していることの気づきから、強く読もうということにしてリズムを意識しました。和太鼓を使ってみます。

「ばち＝足」、「たいこ＝ちきゅう」。ぼくがばちで叩くのは和太鼓、子どもたちの足がちきゅう（床）を踏み鳴らします。「どこどん　どこどん」と声も出しながら足（ばち）がちきゅう（たいこ）を鳴らしました。教室を歩き回ります。子どもたちの踏み鳴らしが弱くなれば、「そーれ」と声をかけます。声が小さくなれば和太鼓の音で励まします。最後に自分の座席に戻りつき、「あるけ」で〝どまれ〟です。

谷川さん自身は『ぼくはこうやって詩を書いてきた』（ナナロク社）のなかで次のように語ります。

「……小学校もそうなんだけど、幼稚園なんかでも、やっぱり意味本位で詩を教えてたってことですよね。で、そのなかには、まあ、一種のモラルみたいなものが入っていたりするわけです。（先生が）そういうものが詩だと思っていたから、日本語の音韻、音のおもしろさ、豊かさみたいなことが、詩と関係あるという風にはほとんど思っていなかったんでしょうね」（同書二七四ページ）、「子どもと同じ目線で書きたいし、こっちが教え諭すんじゃなくて、何かを気づかせるっていうのとかな、あるものを提示するみたいな書き方をしたい」（三四九ページ）

ののはな　**谷川俊太郎**

はなののののはな
はなのななあに
なずなのはな
なもないのばな

谷川さんが提示したことを実感するため「意味」に限定する漢字表記にしてみます。

野の花

花野の野の花
花の名何
薺菜の花
名も無い野花

意味はつかみやすいけれど、まったく面白さはありません。『ののはな』は「な行」を多用し発音のしづらさを意図して作られています。すらっと読めないからおもしろいのです。「発音しにくさ」と「読みにくさ」ゆえにあそびになるのです。日本語の豊かさも感じられます。

さらに、この『ののはな』のすばらしさは、応答の詩となっていることです。問いかけと答えに目をつけ、音読するときは様々なシチュエーションであそびます。たとえば、「子どもたちと先生の会話」、「子どもと母の会話」（ここでは子ども役の子を母役の子におんぶしてもらう）、さらには「元気者のケンカ」（まるで怒鳴り合い）も楽しい。

学年での実践では、学校わきの川の川原で声をだしあいました。『ののはな』を自然のなかで読むとき、すっと体に入ったような気分になりました。

かっぱ　**谷川俊太郎**

かっぱかっぱらった
かっぱらっぱかっぱらった
とってちってた
かっぱなっぱかった
かっぱなっぱいっぱかった
かってきてくった

1■イメージを楽しむ

谷川さんのことばあそびが優れているのは、短いことばの中に「物語」があることです。このイメージを楽しみます。たとえばこんなイメージです。

くたびれた中年の楽団員。手にはトランペット＝らっぱの入ったケース。（『セロ弾きのゴーシュ』のイメージが頭をよぎっています。）動作と語りで一人芸を演じます。

上手からとぼとぼ歩いてきて、公園（という設定）のベンチに座ります。

その時下手の方でかっぱがこちらをうかがっているのです。いたずら好きのかっぱです。（『ごんぎつね』がここではかぶります）

団員「あーあ、今日も楽団長に怒られた……。確かに何度もミスはしたけれど、『辞めてしまえ！』はないよな。おれだって一生懸命やってるんだ。それに生活かかってるんだよ」

（おもむろに新聞を取り出し、記事についてぶつぶつ言いだす。しまいには眠くなりさかんにあくびをしていたが、ついには眠りこけてしまう）

かっぱ「ケケッ、ケケッ」

（ずっと様子をうかがっていたかっぱ、そろりそろりとオジサンに近寄ってくる。ケースの中に何が入っているのか興味

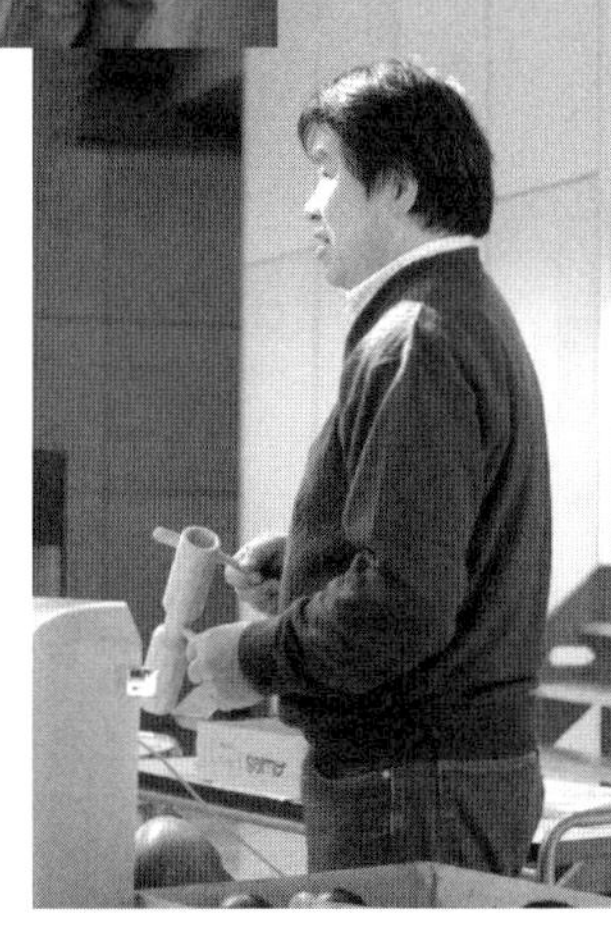

打楽器のリズムに合わせたり
身ぶりをまじえたり
さまざまな工夫をしながら
ことばあそびを楽しむ

津々。ケースを開けてトランペットを取り出す。初めて見るトランペット＝らっぱを物珍しく触るうち、口にくわえて吹こうとする）

かっぱ「ブオ〜ッ！」「ケケーッ！」

（突然のことに驚くかっぱ。オジサンは目を覚ます。目の前にラッパを持ったかっぱ）

オジサン「か、かっぱ！　あっ、らっぱ泥棒！　こらあ、待てぇ〜。かっぱらった〜‼」

（かっぱ、逃げる。オジサン、追いかける。ドタバタのうちに一連終了です）

（命からがら家に逃げ帰ったかっぱくん。大いに反省。ここも「ごんぎつね」みたい）

かっぱ「らっぱ、かっぱらうつもりなんかなかったのになあ。ああ、驚いた。逃げまくっていたらお腹がすいちゃったよ。今度はお金をちゃんと払って、大好きななっぱを買って来よう。きゅうりだけだと飽きちゃうし」

（『手ぶくろを買いに』みたいだなあ。お金を握りしめ、八百屋まで来ました）

かっぱ「オバチャン、オレの大好きななっぱ、いっぱだけ売ってください」

オバチャン「あいよ」

（本物のお金だということを確かめたオバチャン、いっぱのなっぱを売ってくれる。なっぱ、いっぱ手に入れたかっぱ、気分よく家に帰り、包丁で切ってから食ったのだった。オシマイ）

イメージをもって音読すると意欲が出ます。イメージする楽しさをまず教師からと思います。

2■音を楽しむ

促音（つまる音）を活かして作られた詩です。音読すると「タッ」「タッ」「タッ」というリズムが心地よい。跳ねているかのようです。ただし、それは読みなれてからのことですが。

さらに「ぱ」という破裂音と結びつき、より跳ねた感じになります。

このリズムを楽しむためにぼくはウッドブロック（打楽器）を持ち出し、打ち鳴らします。タッタタッタタッタタッタ……、跳ねるようなリズムを刻みます。ことばは音であるからこそ必要なリズムです。難しいという人は、タタタタタタタタ……というものでも構いませんが。ないよりましですからね。

3■群読で楽しむ

音読ができたら、群読にしてみます。

一連のトピック「らっぱ」、二連のトピック「なっぱ」に目をつけ、「らっぱ組」と「なっぱ組」に分けます。

「らっぱ組」は一連を「なっぱ組」が読んでいる間、ベース音として「らっぱらっぱらっぱらっぱ……」と続けます。一連の読みを聴きながら声を出すことにします。

二連になると、この逆です。「なっぱなっぱなっぱなっぱ……」のベース音に二連をかぶせます。

最後、「くった！」で声を揃えます。ぼくの役割は指揮者兼パーカショニストというところでしょうか。

かぞえうた　谷川俊太郎

ひとだまひとつ
ふたしてふたつ
みつめてみっつ
よつゆによっつ
いつまでいつつ
むっつりむっつ
なしのななつ
やつれてやっつ
ここにここのつ
とおくにとお
なむじゅういちめんかんぜおん
じゅうにしょごんげん

3――阪田寛夫の詩をあそぶ

お経　阪田寛夫

電車馬車自動車（でんじゃあばあじゃあじいどうじゃあ）
人力車力自転車（じんりきしゃありきじいてんしゃあ）
交通地獄通勤者（こうつうじいごくつうきんしゃあ）
受験地獄中高生（じゅうけんじいごくちゅうこうせえ）
合唱練習土曜日（がっしょうれんしゅうどようびい）

阪田寛夫さんの詩『お経』を木魚とリン（トライアングルで代用）を入れて音読しました。この『かぞえうた』もその変形バージョンで楽しみます。「ひとだま」から始まるので、教室のカーテンを引き、電気も消しました。

さらにおどろおどろしくしたいので、スライドホイッスルで「ひゅるひゅるひゅ～」と始めます。「ポクポクポク……」と木魚を叩き始めたら、題名、作者のコールをおどろおどろしく始めます。一人から次第に声を出す子の数を増やしていきます。

「じゅ～うにしょご～んげん」まで上っていったら、今度は下ります。

最後の一人の「ひ～とだ～ま、ひ～と～つ～」が終わったところで「チーン」とリンを打ちます。大笑いのうちに終わります。

このことばあそびは、学んだ漢字を全部音読みする「漢字のお経」としても展開します。

空腹帰宅晩御飯（くうふくきいたくばんごうはあん）

子どもたちは机の上に正座し、お経を読みました。ポクポクという木魚の音に合わせます。その気になって読む「小坊主」にはカツラと手作りの袈裟をさせます。この『お経』はプールに入る際に、地獄のシャワーを耐えるときのおまじないにもなりました。

ぼくは　き　です
阪田寛夫

ぼく　さっきから
きに　なった
りょうてを　ひろげて　ぐん!
ぼくは　き　です

ぼく　かたのとこ
かゆくって
それでも　りょうてを　ぐん!

すずめ　とまれ
すずめのきょうだい　とまれ
すずめのとうさん　とまれ
すずめのかあさん　とまれ
すずめのおじいちゃん　とまれ
おばあちゃんも　とまれ

ぼく　さっきから
がまんして
おしっこも　ゆかずに　ぐん!
ぼくは　き　です

でも　このつぎは
すずめに　なる

プリントも用意せず「口伝」の形で楽しみます。子どもたちを詩の世界に誘うための条件としては、教師の表現欲求の強さ（上手でなくてもよい）がカギです。

おとな（教師）のなかには文（詩も）は文字を読むことだというとらわれがあります。しかしことばは本来音声だったのだから、この場合の語り聞かせこそ原初的なものといえます。「文字」がなければ、それだけいっそう語る人に向きあわなければなりません。子どもたちを教師の語りに集中させるためには、音量、間合い、アクション、テンポ、強弱、眼差しを考えなければなりません。役者のような技量はなくてもイメージを軸に子どもに関わることを大事にします。

「みんなは木になります」天に向かい両手をひろげ、足元はしっかり根を張るイメージをつくります。ぼくの語りに連れて声を出します。「ぐん!」と強く語れば、子どもたちも「ぐん!」とさらに手を突き上げました。

二連でふらつきかけた子どもたち。「それでも　りょうてを　ぐん!」で持ち直します。懸命に木になろうとする子どもたち。

四連は、空を飛ぶすずめに目を向けます。そして、呼びかけました。「とまれ」は命令のようだけれど、「お願いだからとまってね」という想いの表現として読みます。ここでは疲れて腕も下がってきますが、「がまんして」「おしっこもゆかずに」と呼びかけると、クスッと笑いも出て、木になり続けました。

最後の二行、もう木には飽きたでしょう。

「この次は何になりたい?」と問うてから、すずめになって、自

由に飛んで行かせます。校庭でもどこでも飛んで行け〜！

【引用した詩の出典】

・「ともだち」まど・みちお（光村図書小一教科書、一九八六年より）
・「ぼくのじ」まど・みちお（『ぽろんぽろんの春』音楽春秋）
・「バナナのじこしょうかい」まど・みちお（『少年詩集しゃっくりのうた』理論社）
・「おならはえらい」まど・みちお（『少年詩集しゃっくりのうた』理論社）
・「おならうた」谷川俊太郎（『わらべうた』集英社）
・「たいこ」谷川俊太郎（『いちねんせい』小学館）
・「あるけ　あるけ」鶴見正夫（『あめふりくまのこ』国土社）
・「ののはな」谷川俊太郎（『ことばあそびうた』福音館）
・「かっぱ」谷川俊太郎（『ことばあそびうた』福音館）
・「かぞえうた」谷川俊太郎（『ことばあそびうた』福音館）
・「お経」阪田寛夫（『夕方のにおい』銀の鈴社）
・「ぼくは　き　です」阪田寛夫（『ほんとこうた・へんてこうた』大日本図書）

3 詩を遊ぶ・ことばで遊ぶ

福田三津夫

1 ――〜になって、声を出す

新しく担任した小学校三年生のクラス、初めての国語の時間にまど・みちおさんの「はひふへほは」のプリントを配りました。

はひふへほは

まど・みちお

はひふへほは　ラッパに　むちゅうで
ぱぴぷぺぽ　ぱぴぷぺぽ
ぱぴぷぺぽは　ぶしょうひげ　はやし
ばびぶべぼ　ばびぶべぼ
ばびぶべぼは　はだかに　されて
はひふへほ　はひふへほ
はひふへほは　めから　ひがでて
ぱぴぷぺぽ　ぱぴぷぺぽ
ぱぴぷぺぽは　しびれを　きらし
ばびぶべぼ　ばびぶべぼ
ばびぶべぼは　あごが　はずれて
はひふへほ　はひふへほ
はひふへほは　あったま　はげて
ぱぴぷぺぽ　ぱぴぷぺぽ

ぱぴぷぺぽは　はなかぜ　ひいて
ばびぶべぼ　ばびぶべぼ
ばびぶべぼは　わらって　ばかりいて
はひふへほ　はひふへほ
（いやでなかったらまた初めにもどる）
＊『いいけしき』理論社

黙って目を通す子、ぶつぶつ小声を発する子。おやおや、周りを気にせず大きな声を出して読み始める子も出ました。

「最初に私が読むので聞いていてね。」家で十回は声を出して読んできたので自信はあります。でもこの子たちの前で読むのは初めてなので緊張します。……それでもけっこう楽しそうに聞いてくれました。嬉しいことに、なかには笑い出す子もいました。

「これ読んでみたい人いる？」と聞いたら数人の手が挙がりました。

「やる気がある人が多いようだね。そしたら、みんなで読んでみようかね。」

「私が『はひふへほは　ラッパに　むちゅうで』と言ったらみんなは『ぱぴぷぺぽ　ぱぴぷぺぽ』と続けてね。では……『はひふへほは　ラッパに　むちゅうで』」「ぱぴぷぺぽ　ぱぴぷぺぽ」。最初にしては声が出ています。

「『ぱぴぷぺぽ　ぱぴぷぺぽ』というのは何の音だろう。」すぐにラッパという声が出てきました。

「それではみんな全員にラッパになってもらいます。大きいラッパ、色の白いラッパ、高い音を出すラッパ、変わった音のラッパ…好きなラッパになってね。声をそろえなくてもいいよ。では『はひふへほは　ラッパに　むちゅうで』せえの！」「ぱぴぷぺぽ　ぱぴぷぺぽ」。

みんなばらばらで、声がずっと出てきました。

「やっぱり、次の『ぱぴぷぺぽは　ぶしょうひげ　はやし』と言ったら『ばびぶべぼ　ばびぶべぼ』と続けてね。」どうやらやり方が飲み込めたようです。いっそう元気が出てきたのです。

「なんで『ばびぶべぼ　ばびぶべぼ』なのかなあ。」問いかけると「点々がひげみたい。」なるほど。

「それじゃあ、みんなあまりきれいじゃないひげを想像して言ってみよう！」「ばびぶべぼ　ばびぶべぼ」みんななんだか気持ち悪そうです。

こんなふうに子どもたちと問答して、会話を楽しみながら進めました。裸にされたり、頭が禿げたり、鼻風邪引いたり、……子どもたちは大喜びでした。

もう一度確認しておきましょう。「大きな声で、声をそろえなさい。」と言う必要はありません。それより自分のイメージをはっきり持って、自分の表現を大切にすることです。金子みすゞさんの「みんな違ってみんないい」、です。

そんななかで「先生またやろ！」という声が飛び出してきたら嬉しいですね。

「誰か、先生がやったようなリードする役やってみたい人いない？」なんて振ってみるのもおもしろいかもしれません。指揮者が代わると合唱の雰囲気が変わるというのと同じです。少しずつ子どもたちの主体的表現活動に移行させていくのもいいですね。

同じパターンで次の「ドレミファかえうた」を遊んでみましょう。

ドレミファかえうた

阪田寛夫

はじめは　ふつうに　うたってみよう
ドレミハソラシド　ドシラソハミレド
むかしは　ふざけて　こう　いった
ドラネコソラキタ　ドシタラヨカロウ
むかしゃ　どらねこ　いま　パンダ
タレメノソダチゾ　クジラジャナケレド
くすりやさんでは　こう　うたえ
ドレガハブラシダ　ドチラモハミガキ
さいごに　きどって　アンコール
どれみふぁソナチネ　どしらそファミコン

＊『阪田寛夫全詩集』理論社

「今度も、私が最初読んだらみんなもついてきてね。『はじめは　ふつうに　うたってみよう』はい！」「ドレミハソラシド　ドシラソハミレド」

「ドレミファソラシド　ドシラソファミレドじゃないよ。『ドレミハソラシド　ドシラソハミレド』どこが違うかわかるかな。……もう一度。」デテールの違いを指摘しながらある緊張感を高めます。

「だいぶ大きな声が出てきていいんだけど、でも本当に歌ってくださいね。『うたってみよう』と書いてあるからね。」「ドレミハソラシド　ドシラソハミレド」徐々に体が動き始めてきた子がいます。

「むかしは　ふざけて　こう　いった」「ドラネコソラキタ　ドシタラヨカロウ」おちょうし乗りの男の子たち、本物の猫のように背中を丸め始めました。

「さいごに　きどって　アンコール」を二回ばかり気取ってアンコールして終了です。

ことばあそびでは、他人と比べて評価されるのではなく、自分でイメージしたことが友だちや担任に認められたり、自由に表現できる場を保証することが大切なのです。

2――相手に声（気持ち）を届ける

自分の感性が大事にされ、何でも話せる空間が保証されて子どもたちは成長します。教室でこんなことまでも言いあっていいんだ、と確認するのにうってつけの教材があります。小学生だけでなく大学生や大人も乗ってくること請け合いの詩です。

きりなしうた

谷川俊太郎

しゅくだいはやくやりなさい
　おなかがすいてできないよ
ほっとけーきをやけばいい
　こながないからやけません
こなはこなやでうってます
　こなやはぐうぐうひるねだよ
みずぶっかけておこしたら
　ばけつにあながあいている
ふうせんがむでふさぐのよ
　むしばがあるからかめません
はやくはいしゃにいきなさい
　はいしゃはははわいへいってます
でんぽううってよびもどせ
　おかねがないからうてないよ
ぎんこういってかりといで
　はんこがないからかりられぬ
じぶんでほってつくったら
　まだしゅくだいがすんでない
しゅくだいはやくやりなさい
　おなかがすいてできないよ
ほっとけーきをやけばいい

　こながないからやけません
こなはこなやでうってます
　こなやはぐうぐうひるねだよ
みずぶっかけておこしたら
　ばけつにあながあいている
ふうせんがむでふさぐのよ
　むしばがあるからかめません
はやくはいしゃにいきなさい
　はいしゃはははわいへいってます
でんぽううってよびもどせ
　おかねがないからうてないよ
ぎんこういってかりといで
　はんこがないからかりられぬ
じぶんでほってつくったら
　まだしゅくだいがすんでない

＊『わらべうた』
集英社

一読して登場人物が二人とわかるので、教師が一人で読んでいたのではおもしろくありません。元気に読んでくれそうな子二人を指名しましょう。けっしていやがる子を無理に読ませることがないようにしたいものです。

掛け合いが始まると聞いている子たちが楽しくなってきます。その雰囲気を感じて読み手の二人が乗ってくればしめたもの。聞いている子たちも楽しくなって、自分たちもやってみたくなるはずです。

「みんなにやってもらう前に考えてもらいたいことがあるんだ。」

誰と誰の会話なのかということです。……さっと出てくるのはお母さんと小学生の会話でしょうか。小学生は何年生でどんな子で、お母さんは何歳でどんな仕事をしているのでしょうか。それぞれの性格や家族構成、兄弟姉妹関係などもしっかり想像して、もう一度詩を読んでもらいます。そうそう、場所の設定もした方がいいですね。そうしたなかで 読み方が変わってくるのがわかります。

ところで、「しゅくだいはやくやりなさい」というのはお母さんだけでしょうか。お父さん、おばあちゃん、おじいちゃん、おじさん、おばさん、お姉さん、お兄さんなどでもいいかもしれない。

「二人組を作ってください。 自分のやりたい役で台詞を言ってみてください。時間や場所も二人で決めて、どうぞやりあってみてください。何回かやって飽きてきたら、今度は役を交代するのもおもしろいかもしれないね。」

さあ、ここで大事にしてほしいのは、誰が誰にどんな思いを届けるかということです。

やりとりをしばらく楽しんだ後、最後に、おもしろがってやってくれそうな子に出てきてもらうのもいいかもしれません。うまくなくても全くけっこう。乗ってきたら指導者は多少の演出をしてみるのもおもしろいかもしれません。場や空間の設定を確認します。最初はまじめにやりとりをしているのですが、だんだん乗ってきて、ふざけ始めます。そこにお父さん役の教師が即興的に介入します。みている子どもたちからやんやの喝采が起こることでしょう。

組み合わせをかえればおもしろさはエンドレスです。ことば遊びとは即興のやりとりを楽しむことでもあるのです。

さて、誰にどんな気持ちを届けるかを考える、日本人なら誰でも知っている恰好の教材があります。まど・みちおさんの「ぞうさん」です。もちろん童謡（團伊玖磨作曲）としても有名で、子どもでもまず歌えるのではないでしょうか。

ぞうさん

まど・みちお

ぞうさん
ぞうさん
おはなが　ながいのね
そうよ
かあさんも　ながいのよ

ぞうさん
ぞうさん
だれが　すきなの
あのね
かあさんが　すきなのよ

＊『まど・みちお全詩集』理論社

ひらがなだけで書かれた、誰にもわかりやすい「ぞうさん」ですが、意外とその意味するところは奥深いのです。二人の会話であることは誰でも納得できますが、誰と誰の会話なのでしょうか。大学生や大人たちにも聞きましたが、そんなことは考えたことがなかったと言われ、しばし参加者全員沈思黙考ということが多いのです。

動物園での人間の子と小さな象という答えが多いですね。だけど、尋ねているのは人間の子どもでなくてはだめでしょうか。そう言われて、雀や鳩、木なども出てきます。そのうちに太陽や風や雲も出てきて、そうか、動物にこだわらずに、自由に考えてもいいんだと思い当たるのです。

幼稚園児と子象の対話であるとすれば、なぜ園児は象に鼻が長いのか聞いたのでしょうか。それに対して子象の答えた「かあさんもながいのよ」とはどんな気持ちで答えたのでしょうか。二番も同じです。「だれがすきなの」という園児の気持ちと「かあさんがすきなのよ」という子象の気持ちはどうなのでしょう。詩を読んだり歌ったりするとき、少なくともこうしたことを考えていたでしょうか。

さて、ここでも二人一組を作ります。役決めは二人に任せてみましょう。やりやすい場所で、もちろん動いてもかまいません。様々な役で楽しんだり、パートナーを変えてもおもしろいでしょうね。

「ぞうさん」で遊んだ後、「きりんさん」という作品があることを子どもたちに告げます。こちらもひらがなばかりの詩ですが、解釈はそんなにたやすくはありません。

きりんさん

まど・みちお

きりんさんの　おくびは
ながいね
いつでも　とおくを
みてるから
きりんさんの　おめめは
やさしいね
だまって　とおくを
みてるから
きりんさんの　とおくは
どこかしら
うまれた　くにでしょ
うみの　むこう

＊『まど・みちお全詩集』理論社

やはり二人の会話としましょうか。誰と誰ですか。英語教室を主宰しているある中年女性は、「倦怠期を迎えた離婚間近の中年夫婦の対話」と言いました。同世代の参加者が多かったこともあって、みんな大爆笑でした。

それではもう一つ、まどさんの詩を紹介しておきましょう。

やどかりさん

まど・みちお

まいにち　ひっこし
やどかりさん
きょうは　どちら

ざんぶりなみの
　いっちょうめ
　さんばんち
まいにち　ひっこし
やどかりさん
きょうは　どちら
　でこぼこいわの
　さんちょうめ
　いちばんち
まいにち　ひっこし
やどかりさん
きょうは　どちら
なんとかやらの
なんちょうめ
わすれたよ

＊『まど・みちお全詩集』理論社

今度はわかりやすい詩ですね。でもやどかりに質問しているのは誰なのでしょうか。

まどさんの詩を三つ紹介しました。親子の愛がたっぷり感じられたり、ちょっと哲学的で、考えさせられたり、ユーモアのセンスを感じたり、やはりまどさんは凄い詩人だなと思うのです。小さな時からこんな詩に、遊びながら出合わせたいものです。日本語っておもしろい、ことばっていうのは誰が誰に語っているのか、何を語っているのかが大事なんだとわかると思うのです。

3　みんなで遊んでみよう！

最後に取り上げたいのは工藤直子さんの詩です。私が直接お願いして書いてもらった、私にとって思い出深い大切な詩です。

畑にて

くどうなおこ

（ぽかぽか　あたたかいな）と
サヤエンドウを摘んでいたら
「あら　くすぐったい　キャハハ」と
エンドウのツルが　身をよじって笑った
「おーい　おいらも　むっちり・ぱんぱんだぜ」と
キャベツが丸いアタマで　はりきっている
「はいはいはいはい」と　駆けよったら
カマキリが　三角の顔をかたむけ
「なぬっ？」と　ガンを飛ばしてくれるじゃないか
「ここは　おいらのナワバリだ　寄るな触るな」

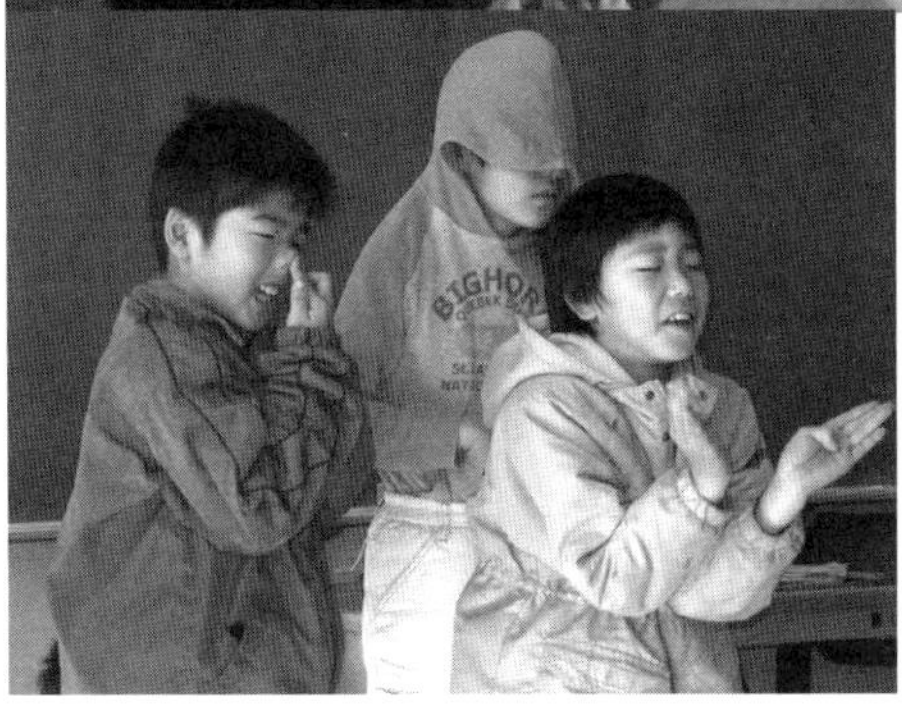

グループで詩を遊んだら
みんなの前で発表
にぎやかなミニ発表会を
楽しもう

ていねいに　お引き取りねがって　キャベツ収穫
あ、あっちには　イチゴ
ナナホシテントウに「きみ　きれいだね」と言われ
うれしくて　ますます赤くなっている
（よしきた　あんたは今夜のデザート）
竹の支柱に巻きついて　鼻歌うたっているのはヤマイモ
♪秋まで待ってて　お～くれ　とハート型の葉をゆする
ナスとキュウリは　花の数を競いあい
ニンジンとトマトは　色のよさを競いあい……
（ほんとまあ　にぎやかなこと）
にこにこ　まわりを見まわして　いっぷくしていたら
杉の木のてっぺんから　カラスが見おろす
（なんだい？）と見あげたら
「アオー　本日は晴天なーり　本日は晴天なーり」

野菜たちよ　しっかり食べさせてもらうね
しっかり食べられて
「あしたのわたし」になっておくれ

＊「演劇と教育」２００９年７月号

さあ、どんなふうに遊びましょうか。今まで書いてきたことば遊びの手練手管を使って、自由に考えてみてください。

グループでもクラス全員でも、いかようにも遊べる詩です。まずはしっかり読んで登場者をつかみましょう。グループでやる場合は一人二役になるかもしれません。もちろん机を取っ払って、動きながら読んだらどうでしょう。

みんなが乗ってきたら、グループごとに発表会を開くといいかもしれません。そしておもしろかったグループの表現を「いただき」ながら、クラス全体で群読するのもいいかもしれません。群読というより朗読劇に近いものになるでしょうか。

学級や学年の学習発表会では、保護者の前で、全員で発表してみましょう。

第3章

朗読を生かす

1 あんな詩・こんな詩
あそぼう！ 読もう！ 書いてみよう！

大垣花子

ネット社会と言われる昨今、子どもが育つ場には電子音が溢れ、生きたことばは無声化しているように感じています。最近特に思うことは、子どもが成長する過程で生きたことばの文化に出合うことこそ人間として成長するうえで重要なことではないかということです。生まれてすぐの赤ちゃんは、母親の声やことばの響きの中でいのちを育んでいきます。何気なく発している声やことば・身のまわりの音声など、子どもはすべてを吸収します。声やことばの文化は生まれた瞬間から子どもの成長に大きな影響を与えるということです。

私はこれまで教室や生活の場で、自分の声とことばを大事にする学習「いつも詩のある教室」の実践に取り組んできました。詩はひとりで読むのもいいけれど、学級・学年全員で読み合うことで、ことばやリズムに対する関心だけでなく、人間関係までぐんぐん深まっていきます。声やことばの文化を紡いでいく教室での実践を紹介します。

1 ―― ことばを声に出して遊ぶ〔一年生〕

あいうえおの　うた

まど・みちお

あかいえ　あおいえ　あいうえお
かきのき　かくから　かきくけこ
ささのは　ささやく　さしすせそ
（略）

がぎぐげごの　うた

まど・みちお

がぎぐげ　ごぎぐげ　がまがえる
がごがご　げごげご　がぎぐげご
ざじずぜ　ぞろぞろ　ざりがにが
ざりざり　ずるずる　ざじずぜぞ
（略）

きゃきゅきょの　うた　まど・みちお

きゃらきゃら　きょろきょろ　きゃきゅきょ
しゃばしゃば　しょぼしょぼ　しゃしゅしょ
ちゃかちゃか　ちょこちょこ　ちゃちゅちょ
（略）

五十音　北原白秋

あめんぼ　あかいな　ア、イ、ウ、エ、オ
うきもに　こえびも　およいでる
かきのき　くりのき　カ、キ、ク、ケ、コ
きつつき　こつこつ　かれけやき
（略）

これらの詩を入門期の文字指導の時に使います。毎時間一文字だけていねいに書く指導をしたあとで、全文を読みます。一行ずつ、または一連ずつ声に出して読みます。教師とかけ合いで読んだり、グループに分かれて交互に読んだり、一人ずつリレー式に読んだり、様々な形で読みます。一人で読むことに抵抗がある児童の配慮を忘れないことは大事です。

読んでいるうちにリズミカルになるでしょう。からだも動いてくるでしょう。詩のリズムとことばの力はとても大きいのです。自由に動く時間と場をつくることで、素直な身体表現が教室に溢れてきます。

友だちと手をつないで歩きだす姿は、読む楽しさだけではなく友だちと一緒という嬉しさも加わって、さらに豊かな表現をともなう読みになります。

ある朝の会で、ひとりの子が「先生、詩をつくってきたので読んでいいですか。」と言ってきました。ことばであそぶ学習を続けているうちに、自分で「あいうえお」を読みこんで詩をつくってきたのです。みんなに聞いてほしいというのです。

ぴくにっく　一年児童

あいうえ　おにぎり　たべたいな
かきくけ　こんどは　なにしよう
さしすせ　そうだ！　ぴくにっく
たちつて　とんぼが　とんでいる
なにぬね　のうさぎ　はねている
はひふへ　ほんとに　うれしいな
まみむめ　もりが　おどってる
やいゆえ　よしきた　おどろうよ

らりるれ　ろーぷうえい　のりたいな
わいうえ　を（お）　うちにかえろうよ

読み終わった瞬間、「すごーい。」と歓声。みんな感心して拍手、拍手です。

さっそく学級全員で声に出して読んでみました。

教師　ぴくにっく
　　　○○○○（つくった児童の名前）
教師　あいうえ
グループA　おにぎり　たべたいな
教師　かきくけ
グループB　こんどは　なにしよう

……といった具合です。

読み終わると「今度はおにぎりの方を読んでみたい！」と意欲満々です。さっそく役割をかえて読みました。「なんだかピクニックに行きたくなっちゃった！」と、のりのりです。詩をつくってきた子は、みんなに読んでもらって大満足です。

翌日から、「豆詩人」が続々登場します。今までとはちょっと違うことを工夫し、考えてきます。はじめに発表した児童も第二作目、三作目……もつくってきました。

「やりたい時が伸びる時」といいますが、その通りです。子どもはまねっこ遊びが大好きです。「まねぶ」は「まなぶ」に通ず、とも言いますから、まねっこ学習はたくさんやります。

こんな詩もできました。

ひとつぬかし　あいうえお　　一年児童

あいうえ　えんとつ　もくもく
かきくけ　けむしを　みつけたよ
さしすせ　せなかが　かゆ～い
たちつて　てれびを　みたよ
（略）

「ひとつぬかし」という題をつけたり、自分なりに創造していく、子どもの発想ほど楽しいものはありません。

2 ―― まねっこ詩づくり〔二年生〕

二年生の学級で、まねっこの詩をつくってみました。まねっこする詩は「またこんど」です。

またこんど　　すずき いつろう

おとうさん
あしたはゆうえんちに
つれてってね
　いそがしいから
　またこんど
それでは
おかあさん
デパートにつれてってね
　ようじがあるから
　またこんど

子どもが作ったまねっこ詩を紹介します。

○おとうさん
こうえんに
つれてってね
　おしごとあるから
　またこんど
それでは
おかあさん
ディズニーランドに
つれてってね
　おかねがないから
　またこんど

○おとうさん
えいがかんに
つれてってね
　だめ
　家でビデオでみなさい
それでは
おかあさん
びじゅつかんに
つれってってね
　だめ
　家で本をみなさい

子どもたちの生活がにじみ出ています。苦笑してしまう作品が多いのですが、子どもたちは、「うちも同じ」と共感し、喜んでいます。みんなでつくった詩を自分の立場に置き換えて読むことがとても楽しそうです。得意げに読む姿が印象的です。親子のかけ合いの部分は、親や子になりきり、メリハリが出て、迫力ある読みになります。

3——表現を入れて読む〔四年生〕

新学期、初めての国語の授業。学級みんなで楽しく詩を読むために。

春の歌　草野心平

かえるは冬のあいだは土の中にいて
春になると地上にでてきます。
そのはじめての日のうた。

ほっ　まぶしいな。
ほっ　うれしいな。

みずは　つるつる。
かぜは　そよそよ。
ケルルン　クック。
ああ　いいにおいだ。
ケルルン　クック。

ほっ　いぬのふぐりがさいている。
ほっ　おおきなくもがうごいてくる。

ケルルン　クック。
ケルルン　クック。

わずか十数行の詩ですが、その中に、躍動感のあるリズム、はじけるような新鮮さ、身近な春の動的な情景などが感じられます。子どもをひきつけてくれることでしょう。読みから劇化まで取り組んでみたい詩です。春の喜びを実感できるタイミングをとらえて実践すると良いでしょう。進級の喜びと春を迎えた喜びを重ね、全身でダイナミックに表現しながら読むことができるからです。

1■まずはみんなで読もう〈春をイメージする〉

かえるが冬眠から覚めて、春のあたたかい陽射しを感じているところをイメージできるようアドバイスをします。感じたことを自由に発表し合います。「わーまぶしいな。」「まだねむいよー。」「明るいね。」「ひさしぶりだな、青い空を見るのは……。」など。

2■二人で読もう（かえるが二匹Ａ・Ｂ）

相手に話しかけるように読みます。伝えたい気持ちを明確にしてから読むようにアドバイスをします。

Ａ　ほっ　まぶしいな。
Ｂ　ほっ　うれしいな。

Ａ　みずは　つるつる。
Ｂ　かぜは　そよそよ。
Ａ・Ｂ　ケルルン　クック。
Ａ　ああ　いいにおいだ。
Ｂ　ケルルン　クック。

Ａ　ほっ　いぬのふぐりが　さいている。
Ｂ　ほっ　おおきなくもが　うごいている。

Ａ・Ｂ　ケルルン　クック。
Ａ・Ｂ　ケルルン　クック。

3■かえるになって春をさがそう

外に出て、春を一つ見つけよう。実際に外に出てみると、躍動感が生まれてくるから不思議です。自分で見つけた春を、三連の部分に置き換えて読んでみます。

Ａ　ほっ　木の芽がちょっぴりふくらんだ。
Ｂ　ほっ　池のさかなも元気だぞ。
Ａ・Ｂ　ケルルン　クック。
Ａ・Ｂ　ケルルン　クック。

見つけた春を読みこんだ詩を発表し合えば、「春いっぱいの朗読発表会」になるでしょう。

4■「かえる劇」をやろう

三～七人程度のグループをつくって読んでみましょう。ここでの読みは、動きを入れた読みです。群読のように複数で読んでも良いと思いますが、ケルルンクック以外は「ひとり一文」にして読みます。自分の感じたことを思いっきり一文読みで表現（遊び）したいからです。

読みたい場所(舞台)はグループで相談して決めるようにします。

・すべり台を発表の舞台にしたグループは「ケルルン　クック」という時に、みんなが次から次へとすべりおりてきました。ダイナミックで、その中に喜びの表現が見て取れます。

・築山を発表の舞台にしたグループは、やまびこごっこをするようにお互いによびかけ合っています。友だちと交流することの嬉しさが伝わってきて、微笑ましく温かい春を感じます。

・広い校庭のど真中を舞台にしたグループは「ケルルン　クック」「ケルルン　クック」と大きな声でよびかけながら鬼ごっこをしています。エネルギッシュで楽しさいっぱいです。

・木立やミニアスレチックの丸太橋を舞台にしたグループは、はじめは全員がしゃがみこんでいます（冬眠中のようです）。ことばとともにそれぞれの場所から飛び出してきます。「ケルルン　クック」「ケルルン　クック」と言いながら、一つのボールを投げ回し、ボールに飛びつくかえるを演じながら春を迎えた喜びを表しています。

4―――「卒業・きりなしうた」〔二年生〕

ことば遊びをたくさんやった二年生が「六年生を送る会」で取り組んだのは、「さよならさんかく　またきてしかく」（和田誠）のかえ歌づくりとその朗読劇です。

さよならさんかく　またきてしかく
しかくはべっど　べっどははずむ
はずむはぼーる　ぼーるはまるい
（略）
にげるはねずみ　ねずみはかじる
かじるはりんご　りんごはあかい
あかいはゆうひ　ゆうひにさよなら

子どもたちはしりとりが大好きです。かけ合いで読むとさらに楽しく、何回も読むうちに、リズムを作って歌うように読みます。さらに自分流にことばをつくって楽しそうに読んでいました。

そこで、「六年生を送る会で、この詩のかえ歌を作ってみる？」と聞いてみると、「やる！　やる！」とおもしろがっていました。

一人ひとりの中に六年生の姿がどのようにうつっているか、六年生との関わりがどのようなものだったかによって内容は変わりますが、詩のリズムを大事にしながら六年生を送る気持ちを出し合い、学年全員で「かえ詩」作りに取り組みました。

さっそく考えてきた子がいます。三学期、書き初めをやった直後だったからでしょう、書き初めのことが読みこまれています。

さよならさんかく　またきてしかく
しかくはこくばん　こくばんはくろい
くろいはすみ　すみはかきぞめ
かきぞめははる　……？

ここまで考えたけど「あとはまだできていない。」と困った様子。

教師　「六年生の書き初め、上手だったね！」

5■たっぷり遊んだあとは……

声に出して、詩を読みます。新学期、最高にていねいな文字で全文を書きます。（用紙も上質な物を用意し、色なども自分で選べるようにすればベストです。）挿絵やカエルの表情を背景にして、「詩画」として仕上げます。

子ども「『希望の春』って書いたんだよね。」
子ども「あっ先生、いいこと思いついた。続きだよ！」
「……かきぞめははる（貼る）　はる（春）ははずむ」
「春は気持ちいいから。」
教師「『貼る』から『春』に変えちゃったんだ！」
子どもたち「ほんとー、いいね！」
教師「これは難しいですよ、『貼る』と『春』はアクセントが違うから正しく読まない　と、みんなに伝わらないかも……。」

読んで、描いて、
まねっこして……
さまざまなやりかたで
詩をあそぶ

教師が心配しているあいだに、子どもは次のことを考えていました。
子ども「はるははずむ　はずむは元気」
「元気は　六年生！」
子ども「できたー！」

一人ひとり、あるいはグループで考えてきたことばを出し合い、一連ずつつくっていきます。時間はかかりますが、気にいったところは何回も声に出していてつくりながら覚えてしまいます。やがて六年生を送る温かいことばが教室に満ちてきます。行事を創っていく上で、このような時間を学級全体で共有することはとても大事なことです。行事の創造を通して子どもは育ち合うからです。

こうして、学年全員で考えた「六年生　そつぎょう　きりなしうた」ができあがりました。

六年生　そつぎょう　きりなしうた

二年児童

さよならさんかく　またきてしかく
しかくはつくえ　つくえはだいじ
だいじはみんな　みんなははらぺこ
はらぺこはきゅうしょく　きゅうしょくは人気のラーメン

さよならさんかく　またきてしかく
しかくはこくばん　こくばんはくろい
くろいはすみ　すみはかきぞめ

かきぞめははる　はるははずむ
はずむはげんき　げんきはみんな

さよならさんかく　またきてしかく
しかくはこうてい　こうていはあそぶ
あそぶはしゅうかい　しゅうかいはたのしい
たのしいはわらう　わらうはえがお
えがおでさよなら　さよなら6ねんせい

さよなら6ねんせい　またきてしかく
しかくはおくじょう　おくじょうはたかい
たかいは6ねんせい　6ねんせいはやさしい
やさしいはあいさつ　あいさつはこんにちは
こんにちは中学生　もうすぐ中学生

さよなら6ねんせい　またきて6ねんせい
6ねんせいはたのしい　たのしいはあそび
あそびはボール　ボールはゴール！
ゴールはそつぎょう　そつぎょうはさよなら

さよなら6ねんせい　またきて6ねんせい
さよなら6ねんせい　またきて6ねんせい

読みながら動作を入れたり、「ゴール！」の部分では、楽器で応援団のような効果音を入れたりすると、読み手のテンションも上がります。かけ合いで読んだり、一人で、二人で、数名で、全員でなど、声の厚みを考えた読み方を工夫したりして「かえ歌詩」の群読を発表しました。表現活動も取り入れて創り上げた群読は、六年生にその思いが伝わったことでしょう。

5　あふれる思いをことばに【六年生】

小学校六年間の集大成としての卒業の日を、どのように位置づけどのように迎えるかは大きなテーマです。子ども自身が自分の成長を確かめ、飛躍できる場に、参加者全員が喜び合える場にということを考えながらこの日を迎えますが、その時大事にしたいことは、子どもが自主的・実践的に創り上げていく学習を積み上げていくこととその過程です。

では、ことばを中心にした学習の取り組みはどのように？

1■卒業前の特別授業

卒業前には、「特別授業・詩から学ぶ」を組むことにしています。どんな詩を選ぶかは卒業学年によって違いますが、子どもの意見も取り入れながら二十編ほどを選び簡単な冊子にします。手作り教材です。

まず、冊子に題をつけることから始めます。卒業に向けてという意味を考えながら題をつけるようにアドバイスをします。「明日へ！」「未来にはばたけ！」「生きる！」「友情」など、一人ひとりが自由につけます。

　読んでいくうちに、自分の気にいった詩を見つけることができます。好きな理由などを交流したり、感想を話し合ったり、何回も読んで卒業式で読みたい詩を決めていきます。詩が決まったら読むのは一人か複数か、誰が読むか、など決めなければならないことはたくさんあります。

　決定するまで、読みたいと思う人全員がみんなの前で朗読をします。「もっとゆっくり」とか「声がワンパターン」など厳しい批評を突き付けられますが、それらのアドバイスを聞き入れ、読み込むうちに言葉の背景にあるものを表現するようになり、聞く人に「すごい！」と言わせるほど見事な読みに変わっていきます。

　いままで、取り入れた詩は、「この胸に」江口季好、「生ましめんかな」栗原貞子、「自分のことばで」小森香子、などです。

　いちばん力を入れ時間をかけるのは、学年全員による共同創作詩です。詩の授業の延長として、六年生全員で詩を創ります。自分を振り返り、未来を見つめ、今この瞬間の自分たちをことばで表現するのです。全員が「友だち」「あそび」「学習」「行事」「将来」などのカテゴリーで自由に書くことから始めます。

・些細なことでけんかもしたけど、支え合ってわかりあえる友だちができた。
・私の苦手な教科は算数です。だから六年の時は五年生の教科書から復習した。
・初めて行事を企画する側になって、何気なく楽しんでいた行事をやるまでの六年生の苦労を知ることができた。

などなど、たくさんのことばが六年間を描きだします。大学ノート六～七冊になりました。

　それぞれの思いをことばにし、詩をつくることは容易なことではありませんが、今しか作れない、同じものは一つもないという思いを強くもって取り組みます。

2■朗読でスタートする卒業式

　卒業式は詩の朗読でスタートし、共同創作詩の朗読で終わります。完成させた詩を堂々と朗読する姿は、「わたしを見て！」といわんばかり、自信に満ち、輝いています。

卒業

卒業（全）
卒業　ちょっと背のびをしたくなる日
卒業（全）
卒業　ちょっと自分が変わった気がする日
たくさん遊んだ　広い校庭
おしゃべりのつきなかった　わたしたちの教室
友だちと過ごした　ぼくたちの教室
汗をながした　この体育館
思い出のいっぱいつまった学校

歩き出そう

卒業生

何も知らずに進んできた　六年間
わたしたちは　大きくなった！
たくさんの人に　甘えながら
今、気がついた
大きくなるということは
目の前のかべを乗り越えること

何も知らずに進んできた　六年間
わたしたちは　強くなった！
たくさんの人に　頼りながら
今、気がついた
強くなるということは
夢に向かって自分の力で進むこと

何も知らずに進んできた　六年間
わたしたちは　学び成長した！
たくさんの人に支えられながら
今、気がついた
成長するということは
自分から行動し　自分自身を変えること

さあ、歩き出そう！　自分の力を信じて
自分の力を信じて
自分の力を信じて

一人ひとり子どもはちがいます。どの学年・学級にも固有の学習や生活が展開されるのは当然のことと思います。子どもの表現を引き出せる「声やことばの学習」は身近にたくさんあります。「声やことばの学習」は生きたドラマの授業です。

今、人間として生きる力を声やことばの授業を通してここちよく育むことが必要とされているのではないでしょうか。

【参考】
・「詩『春の歌』をあそぶ～楽しい詩の授業～かえるになって春を探そう」大垣花子（「演劇と教育」一九九七年十一月号）
・「表現で輝きを取り戻した卒業式」大垣花子（「演劇と教育」二〇〇五年八＋九月号）
・「大垣花子エッセイ」（演教連メールマガジン）

2 物語の世界を朗読で表現しよう

―朗読を中心にした授業の展開―

刀禰佳夫

「声を出して読む活動」ではまず楽しく読むことが大切ですが、同じようなことを繰り返しているとマンネリズムに陥ってきます。これは表現活動ではもっとも気をつけなければならないことです。そこでより高い朗読の楽しさを追求するための指導が必要になってきます。朗読というのは作者の描き出した作品の世界を、ことばを手掛かりにして自分のものとし、それを音声化して聞き手に伝えていく活動です。したがって表現する前にその作品を正しく深く理解しておかなければなりません。そのためには作品を読み取る活動が必要になってきます。ところが従来の国語の指導では、その読み取る活動に何時間もかけるため、読み取る活動が終わった時には子どもは表現する意欲をなくしてしまったり、理解したことが表現に生かせなかったりします。そこでわたしは表現を目的とした活動の場合、読み取ったことをすぐ表現したり、表現することによってより理解を深めていくような展開の仕方を考えました。

●――表現を中心にした活動の展開例

ここでは「つり橋わたれ」（長崎源之助）を例に、その指導の方法を述べてみたいと思います。

「つり橋わたれ」というのは、お母さんが病気になったために山のおばあちゃんの家にあずけられた、東京の女の子トッコのお話です。トッコは気が強い上に、東京の自慢ばかりするので山の子どもたちに遊んでもらえなくなってしまいます。しかたなく一人で遊んでいると、ある時「山びこうっ」という声に誘われて不思議な男の子が現れます。おうむがえしをするその男の子を追っていくとトッコはいつの間にか怖くて渡れなかったつり橋を渡ってしまいます。そのお陰で山の子どもたちと仲直りが出来るというとてもいいお話です。しかも会話文が多かったり、山びこの声がしたり、声を出して読むのにふさわしい文章です。この話を表現するために、わたしは次のように活動を進めました。

①話のあらすじを知る

最初にわたしが全文を読んで、話のあらすじをとらえさせました。話の一部分を表現する場合でも全体像が分かっていないと表現出来ないからです。その時、あまり表現豊かに読むのではなく話の内容を分からせるためだけの読みになるように心掛けました。わたしの表現を子どもに押しつけることになるからです。この時に難しい字の読み方や分かりにくいことばの意味を説明しておきました。読み終わった後、印象に残ったことを発表させながらあらすじをまとめていきました。

②会話の部分の表現の仕方を工夫する

この文章は冒頭の部分が「やあい、やあい、くやしかったら、つり橋わたって、かけてこい。」という山の子どもたちのことばになっています。わたしはこれをどう読むかというところから授業を始めました。まず、これはだれがだれに言っているのか、どんな気持ちで言っているのか、相手はどのくらいの距離の所にいるのか、といったことを話し合わせた後いろいろな子にこのことばを表現させてみました。その中からどの言い方が適切かを考えさせて、一人ひとりが山の子どもになっていっせいに言いました。その際トッコがどの辺にいるのかを具体的に想定させて、窓の外に向かって言わせるようにしてみました。それに対するトッコのことば「ふんだ。あんたたちなんかと、だれが遊んでやるもんか。」についても同じように扱いました。この時、二つの意見が出てきました。一つは独り言のように言う言い方。もう一つは山の子どもたちに向かって叫ぶ言い方です。いろいろと話し合った結果、トッコの性格を考えて後者の言い方を取ることになったのですが、この話し合いを通して読みがずいぶん深まりました。

③地の文をどう読むか

さて次の時間は地の文の読み方です。朗読ではことばだけで聞き手にその場の情景や登場人物の気持ちを伝えなければなりません。そのためには読み手がそのイメージをしっかり持つことが大切です。山の子どもたちの様子。トッコの悔しそうな姿。ゆれるつり橋。その下にゴーゴーと流れる谷川。そういった情景が聞き手にちゃんと届くような読み方。そのために、テンポ、リズム、間、声の大小、高低、強弱、文章のどこを強調するかなど、さまざまな表現の工夫が必要です。しかし小学生にその全てを要求するのは無理です。その内容を表現するためにどうしても必要なことのいくつかをその時間のポイントとして取り上げ、それについて表現の工夫をし、みんなで考え合うようにしてはどうでしょうか。読点などもしっかり休むもの、息をつめるだけのもの、時には省いてしまった方が内容がよく伝わるものさえあります。よく読点は一拍、句点は二拍休むように指示する指導者があるという話を聞きますが、これはあくまでも内容との関わりで考えるべきであって、決して機械的に考えてはならないことだと思います。アクセントやイントネーションは全て正確にするのは難しいことですが、まったく違う意味になってしまう場合（例えば「橋」と「箸」、「雨」と「飴」など）については直す必要があるでしょう。

また学年が進むにつれて、語尾を延ばしたり、妙な節をつけて読むくせがついてきたりしますので、注意したいものです。

④動きながら読む

この話の中にふしぎな男の子が現れて、トッコと話をする場面があります。トッコが男の子のおうむがえしにつられて思わずつり橋を渡ってしまうところです。ここを読むときには動作をしながら読むようにしてみました。机をコの字形に並べて真ん中の床につり橋を書きます。そして黒板側にトッコを立たせ後ろの入り口から男の子を登場させます。そこでトッコ「あら、あんた、いつきたの。」、男の子「あら、あんた、いつきたの。」と読むのです。この場面は子どもたちが大好きな場面で、次々に希望者が出て来て読みました。子どもはすぐことばを覚えてしまうので、こういう場面は本を持たずに演じさせるといっそう生き生きとした表現になります。このようにしばらく遊んだ後でもう一度朗読に戻るのです。

役割を決めて読む
（二年生の教室で）

⑤班ごとに役割を決めて読む

このように表現を工夫しながら読みを深めていきますが、やり方が分かってきたら、ナレーター、キャラクターなど、班で役割を決めて読み合うのもよいでしょう。やりたい役が重なった場合には交代して読みます。読み方に問題がある場合には相互に意見を出し合いながら活動を進めます。時間に余裕があれば、発表しあって話し合うことも有効です。その場合できるだけ良いところを認め合うようにさせたいものですが、人間関係がしっかりできていれば、問題点を話し合ってもよいと思います。その時間の目標をはっきりさせておいてその視点に沿って話し合うのもよいでしょう。このように活動を進めていくと、子どもたちは楽しみながら意欲的に表現に取り組むようになります。そしてどんどん朗読の力を高めていきます。

⑥集会で群読や朗読劇を発表しよう

これまで述べてきたような学習を繰り返してくると、子どもたちは自分たちの音声表現に自信を持つようになってきます。そしてだれかにその成果を聞いてもらいたくなります。そこで発表の機会を用意するとよいでしょう。隣のクラスや他学年との交歓会、授業参観、各種の集会などなど。こうした機会に発表することは子どもの表現意欲を満たすばかりでなく、表現する力を格段と飛躍させます。ただ発表となると、時間や空間などの制約があるので、いろいろな工夫が必要になってきます。発表の場が教室か体育館かによって声の出し方も違ってきますし、年齢が低い子どもを対象にする場合にはあきさせない工夫も必要です。

そこで全校集会で三年生八十名が「つり橋わたれ」を発表した時のことを例に述べてみたいと思います。まず八十名の子どもをナレーターとキャラクターに分けました。登場人物はトッコ、おばあちゃん、ふしぎな男の子、山の子どもたち（サブ、ミヨ、タケシ）です。これらの人物を演ずる子どもたちは台本を持たずに演技することにしました。

それ以外はナレーターですが、その一部をつり橋役にしました。十五名の子どもが二列になって、椅子に座って手をつなぎます。その間をトッコや山の子どもが通る時はゆれたりします。この子どもたちは台本は持てませんので、群で読む部分をコールします。

ではどこを群で読むか。例えば冒頭の部分。「おまけに、今にもふじづるが切れそうなほど、ギュッ、ギュッときしむのです。」ここはトッコがなぜ橋を渡って行けないかを表す重要なフレーズなので、強調するために群で読むようにしました。

群読や朗読劇では出来るだけ原作に忠実に台本化していくことが大切ですが、実際に演じてみると文字だけで読むのと違ってくどくなる部分があります。例えばふしぎな男の子が初めて登場するところは原文では次のようになっています。

> 「あら、あんた、いつ来たの。」と、トッコがきくと、男の子は、「あら、あんた、いつ来たの。」と言って、にっこりしました。

「　。」の部分はそれぞれの役の子どもが言うわけですから、トッコがとか、男の子はとか言わなくてもだれが言っているのか分かります。従ってこの部分は次のように説明の部分を取り除いた方がテンポが良くなってすっきりします。

> トッコ「あら、あんた、いつ来たの。」
> ふしぎな男の子「あら、あんた、いつ来たの。」（にっこり笑いながら）

このようにテキストレジーをしながら台本化していきました。

ナレーターは一本一本の木を表すために、グリーンの表紙の台本を持ち、つり橋役の子どもの後ろのひな段に並びます。キャラクターの子どもはその両脇に座ります。ただふしぎな男の子だけはナレーターの後ろにかくれているようにしました。

トッコが山の子どもたちと仲たがいして一人遊びをする演技はつり橋の前で行い、ふしぎな男の子が登場する時はナレーターの間から出てくるようにしました。トッコが東京のお母さんを思い出して「ママーッ」と呼びかけた声が「ママーッ」「ママーッ」「ママーッ」と山にこだまする部分は、ナレーターを三つのグループに分け、声をずらせてエコーさせるようにしてみました。またナレーターの衣装は体操着でそろえ、キャラクターの子どもが際立つようにしました。初めと終わりには静かな音楽（オカリナで「わかば」）を入れムードを高めるようにしました。

このように演出した結果、発表した子どもたちも気持ちが盛り上がり、見ていた子どもたちもたいへん楽しんで見ることが出来ました。発表が体育館であったため、声を出す練習もずいぶん行いましたが、日常的にこうした経験をしておくと、学芸会や卒業式といった行事でも特別な練習に多くの時間を取る必要がありません。むしろそうした行事はこうした日常の学習の上に行われるべきものだと考えます。

こうした表現の発表の場は年間を通じていろいろ考えられます。一年生を迎える会や卒業生を送る会のほか、各種の季節行事、学習発表会などなど、いろいろ工夫して、子どもたちにできるだけ多くの経験を積ませたいものです。

発表の機会を持つことは子どもたちの表現意欲を高め表現する力を飛躍させる
（六年生の朗読劇発表風景）

3 古典の授業の中でできる朗読

藤田昌子

古典というと静かに味わうイメージもあるが、実は朗読教材の宝庫だ。何しろ何百年、それ以上の時の流れの中で磨き抜かれた名文ばかりである。声に出して読むだけで日本語の様々な表現・日本人の心の底に流れる情緒を自然に教えてくれる。自分が声に出して読み、人の朗読を聞くことで美しいリズムが体にしみこんでいくのだ。そして何より普段自信がなくて手を挙げられない、声を出せない子どもたちも、古典となると不思議に堂々とした朗読を聞かせてくれたりする。小・中学校の古典教材は、ぜひ朗読を組み入れながらやっていったらよいと思う。

扱う教材としてはどれもよいが、もともと人々に声を出して朗読され、歌い、語られてきたものがやりやすい。そういう作品はリズムも良く、子どもたちが朗読した時のノリが違う。この点から考えて私が特にお薦めしたいのは、落語・歌舞伎などの伝統芸能、短歌・俳句、そして平家物語である。論語や漢詩のような中国の古典もよい。どちらも古代中国の人たちが、語り吟じてきたものである。

ではここでは、古典や伝統芸能などの作品で教科書によく掲載されているものを使って、朗読を取り入れた授業を紹介していきたい。

1——落語「三方一両損」

声に出して読む教材として一番にお薦めしたいのが古典落語である。元々が口語で、短いセリフになっているので朗読しやすいし、気持ちを込めやすい。

私は中学一年生を対象に落語「三方一両損」に取り組んだ。六人の生活班をそのまま生かして役を決める。すべてを読むと時間を取ってしまうので、私は「三方一両損」を四つの場面に分け好きなところを選ばせた。六人がそれぞれ左官 金太郎・大工 吉五郎・大家 幸兵衛・大家 源兵衛・大岡越前守などの登場人物にわかれて読む。セリフの量に偏りがある場合は一つの役を二人で分けて読む。役が決まったところで練習開始。江戸時代の話なので、長屋とか白洲など生徒には耳慣れない言葉も出てくる。わかりにくいものは初めに写真などを見せながら説明しておくが、それにはあまり時間をとる必要はないと思う。辞書を手元においてわからない言葉は調べながら練習させても良い。教師は回りながら、生徒がおかしなアクセントで読んでいる場合は声をかけ、意味も含めて教える。

　発表の時は前に教壇がある場合はそこをきれいに拭けば舞台になるし、大がかりにやるのなら机を並べ、高座を作ってもよいだろう。動きをつけたり、小道具を使ったりしても良いということにしたら、扇子や手ぬぐいをうまく使って小道具にする班もあり、劇仕立てにして発表するところもあり、とても楽しい時間になった。

「三方一両損」発表風景
ＣＤで出囃子をかけて盛り上げた

　私は、班で発表した後一人で発表したい生徒を募って発表させたが、これもまた好きな生徒だけあって話術も巧みで面白かった。班で取り組んだ方が、普段声が出ない生徒も周囲につられて声が出やすい。しかしもともと落語は一人の話芸である。一人で顔の方向を変えることによって何役もこなすのも面白いだろう。次回はもっと短い部分を一人で練習させてみようと思っている。

2 ―― 歌舞伎「外郎売り」

落語と同じく古典芸能である歌舞伎「外郎売り」も朗読にはぴったりだ。「外郎売り」は俳優やアナウンサーの養成機関で用いられるそうだ。中学校の演劇部でもよく練習に使われるし、中学二年生用の教科書にも登場してくる。言い回しが古いだけでなく、早口言葉のような部分も多いので難しいだろうと思うのだが、そこがこの作品の魅力である。この教材でしらけたりふざけたりする生徒はほとんどいない。普段ともすれば寝てしまう生徒もノリノリで練習し立派に発表した。

まず、最初に「外郎売り」を印刷したものを見せ、「これを朗読します」と言うと「え〜」「無理〜」という拒否ともとれる反応が返ってくることもある。しかし、ここで動じてはいけない。「え〜」と言いつつ顔は興味津々だったりする。まず教師が自分で朗読し、難しそうでも練習すればできるところを見せる。(何回か練習すれば必ず読めます。)教師のあとについて読ませた後、各自練習する時間を取る。

ある程度読めるようになったところで、四人ずつの班に分ける。冒頭の「拙者親方と申すは、お立会いのうちにご存じのおかたもござりましょうが、……」から「開合《かいごう》さわやかに、あかさたな、はまやらわ、おこそとの、ほもよろを。」までを四つの段落に分け、相談して好きなところを選ぶ。難しさや読む分量はどの部分もほぼ同じくらいだが、希望がかぶってしまった場合は得意な生徒は譲るように声をかけた。一人分が大体百二十字〜百五十字くらいである。班でしばらく練習し、次回発表すると伝える。意味が解らないところは、教師が回りながら質問を受けて教えていく。

実はこの後の部分も教科書に載っているのだが、「一つへぎへぎにへぎほし、はじかみ、盆豆盆米盆ごぼう。摘みたて摘み豆摘み山椒、書写山の社僧正。〜あの長押の長なぎなたは誰が長なぎなたぞ。」と、さらに一段と難しくなってくる。その部分はやりたいと思う班のみ挑戦するように言うと、何人かの生徒はさらにやる気を刺激されたらしく休み時間も大きな声で練習していた。結局ほとんどの班が後半も挑戦することになった。

歌舞伎「外郎売り」冒頭段落ごとに分けて読んでいった。

拙者《せっしゃ》親方と申すは、お立ち合いのうちに、ご存じのおかたもござりましょうが、お江戸をたって二十里上方《かみがた》、相州《そうしゅう》小田原、一色町《いっしきまち》をお過ぎなされて、青物町《あおものちょう》を登りへお出でなさるれば、欄干橋《らんかんばし》虎屋藤右衛門《とうえもん》、ただ今は剃髪《ていはつ》いたして、円斎と名のりまする。

元朝《がんちょう》より大晦日《おおつごもり》まで、お手に入れまするこの薬は、昔《むかし》ちんの国の唐人《とうじん》、外郎《ういろう》という人、わが朝《ちょう》に来たり、帝《みかど》へ参内《さんだい》の折から、この薬を深く籠《こ》め置き、用いるときは一粒ずつ、冠《かんむり》の透き間より取り出だす。よってその名を、帝より、「透頂香《とうちんこう》」とたまわる。すなわち文字は「頂《いただ》き透《す》く香《におい》」と書いて「とうちんこう」と申す。
まずこの薬をかように一粒《いちりゅう》舌の上へ載せまして、腹内へ納めまするとと、いやどうもいえぬは、胃心肺肝《いしんはいかん》が健やかになって、薫風《くんぷう》咽喉《のんど》より来たり、口中微涼《こうちゅうびりょう》を生ずるがごとし。魚《ぎょ》、鳥《ちょう》、きのこ、麺類の食い合わせ、その他万病即効あること神のごとし。
さてこの薬、第一の奇妙には、舌の回ることが銭ごまがはだしで逃げる。ひょっと舌が回り出すと、矢も楯もたまらぬじゃ。そりゃそりゃそらそりゃ回ってきたわ、回ってくるわ、あわや咽喉《のんど》、さたらな舌に、か牙《げ》さ歯音《しおん》、はまの二つは唇の軽重《けいちょう》、開合《かいごう》さわやかに、あかさたな、はまやらわ、おこそとの、ほもよろを。（後略）

3 ―― 百人一首

言わずと知れた古典学習の第一歩である。小学校・中学校で百人一首の学習を取り入れているところは多いのではないだろうか。すでに家庭で親しんでいる子どもたちもいるが、百人一首への慣れにはばらつきがあるので、授業で扱うときは最初まず全員に親しみを持たせるところから始めたい。何なら百人一首の簡単な説明をしたあと、朗読の前に「坊主めくり」をしたって良い。さらに時間があれば好きな歌をカードにきれいに写し、意味を調べさせる。そして和歌の下にその意味に合わせた絵を添えさせる。絵が描きにくければかるたの絵札に似せて描かせてもよい。そしてその一首をまず覚えるところからスタートする。

学年・クラスなどで百人一首大会をするのなら、歌のカードを教室に掲示すれば雰囲気が盛り上がる。学年で大会をするときは、クラスごとにクラスにちなんだ同じ札を全員で覚えるのもよい。（例えば担任の先生の名前が入っている歌やクラスカラーが読み込まれているものなど。）

練習は四～六人の班になって、ゲームをする。自分で暗記のために声に出して読むのと、ゲームの中で耳から聞くのと両方で、自然に古文のリズムになじんでいく。中学一年生だったら何とか全員五～十首くらい暗記させたい。百首全て読んでいると時間を使ってしまうので、二十首ずつ何回かに分けて授業の初めにやっても良いだろう。

音と一緒に百人一首の和歌が一度生徒たちの体に入ってしまうと、その後の授業でとても便利に使える。枕詞・押韻・係り結び等々古文の中で使われているややこしい表現技法・決まり事を説明するときにも例として出しやすい。

4 平家物語「扇の的」・「敦盛の最期」

『平家物語』は琵琶法師によって広められたといわれている。人の口から口に伝えられてきたものだけに、声に出して読んでみるとても リズムが良い。『耳なし芳一』の話などを紹介し、いざ朗読練習開始。まずは冒頭の「祇園精舎」から読み始める。「祇園精舎の鐘の声、諸行無常の響きあり。沙羅双樹の花の色、盛者必衰の理をあらはす。おごれるものも久しからず、ただ春の夜の夢のごとし。たけき者もつひには滅びぬ、ひとへに風の前の塵に同じ。」のところまで何度も読む。記憶力の良い子どもたちのこと、あっという間に覚えてしまうので、その時間中に全員に暗記させて一人ひとり朗読をさせてもよい。途中でわからなくなった場合は二度三度と挑戦してもかまわないようにする。

できた、と思った人から手を挙げて何も見ずに朗読する。途中で「あれっ、なんだっけ」と言い出して座ってしまう生徒もいて笑いに包まれる。悔しそうにもう一度「今度は大丈夫」と言って手を挙げる子もいる。ワイワイ発表し合う中で全員読み終わる。

最初の朗読では「諸行無常」などの意味はあまり扱わない。小・中学生にいきなり「すべてのものは、必ず移り変わるのだ」と説明してもあまりピンと来ないだろう。それは後半もやった後に、平家や源氏の武将たちの人生を知った後で教えることにする。

冒頭の「祇園精舎」が終わると、今度は後半の「扇の的」「敦盛の最期」などに取りかかる。「敦盛の最期」を朗読したときは六人の班で平敦盛、熊谷直実、それ以外のト書きにあたる部分などに分けて練習をさせた。「敦盛の最期」の部分は大人が朗読しても最初はなかなか難しい。しかし一〜二時間の練習の中でぐんぐん読みこなせるようになってくる。

『平家物語』は命を懸けた言葉のやり取りや祈り、そして少しの油断もできない戦場の様子、美しい自然が語られる。なるべくならそこに登場する人々の気持ち・緊迫した周囲の様子が伝わるような朗読にしたい。練習する段階で

① **大きな声で読む。**（きちんと教室の隅まで届く声で読む。）
② **正確に読む。**（歴史的仮名遣い、漢字を正確に読む。アクセントや言葉の切り方にも注意する。）
③ **気持ちをこめて読む。**（セリフのところはもちろん、ト書きにあたるところもどのような心、雰囲気を表現しようとしているか伝わるように読む。）

という三つのポイントを示しておいた。

そして発表会。六人の班で発表をする。動きなどを入れてもよいことにする。時間があれば、ビデオで撮影し、後で見る場合もある。敦盛と直実の迫真のかけ合いが展開される感心させられる班もあるが、読むだけで精一杯の場合もある。そういう場合は読み方が間違っているところについては教えるが、けなすことは極力避けたい。声が小さかったり、つまったりすることもあるが、どんな朗読

でも生徒にとっては必死なのだ。一つは良いところをみつけてはっきりほめる。声に出して読んで気持ちよかった、みんなの前で読んで恥ずかしかったけれども頑張ったな、と彼らが自分で思えることが大事なのだ。その達成感が次の朗読につながってくる。

5——漢文「論語」

漢文で教科書に登場してくるのは「論語」と「漢詩」である。「論語」は孔子やその弟子たちに語った言葉が中心になって書かれている。出だしが「子曰く〜」と始まっているものが多いが、これは「子」＝「孔子」はこのように語ったという意味だ。人生経験豊かなすぐれた先生が、人として真っ直ぐに生きていくためにはどうすればいいか、語りかけてくれていると思えば楽しい。「学びて時に之を習ふ、亦説ばしからずや。」「学びて思わざればすなわち暗し、思いて学ばざればすなわち危ふし。」「徳は孤ならず。必ず隣あり。」人はなぜ学習するのか、どのように学べばよいのかという疑問に答える言葉、苦しい時に励ましになる言葉が並んでいる。これらはぜひ、意味を味わった後で、気に入ったものを暗記させたい。教科書に載っているものだけでなく、教師が自分で好きな孔子の言葉をいくつか集めて紹介すればよい。便覧などに載っているものでも、もちろん良い。書き下し文を何度も声に出して読み、覚えていく。そして一人ひとり気に入った言葉をみんなの前で朗読していく。

漢詩などは、短いものでよいので中国語の発音で朗読させたいと思う時がある。日本の古典の名作がそうであるように、漢文もその音の響きを大事にして書かれているに違いないからだ。これは私の中国語の発音に自信がないため、まだ実現できていないのだが。

＊　＊　＊

自分が取り組んできた実践をまとめながら、以前見せていただいた副島功さんの授業を思い出している。雑誌『演劇と教育』一九九四年六月号（初めての古文「竹取物語」を読む　中学一年国語の授業）でも紹介された『竹取物語』の授業である。そこではごく自然に朗読が授業に取り入れられていた。一人で読む、隣同士でお互いに聞き合う、班になって順番に読んでいく、教室の全員で読む……。「今は昔、竹取の翁といふものありけり。」から「三寸ばかりなる人いとうつくしうてゐたり。」までが、さまざまな形で教室に響いていた。竹取の翁が小さな女の子を竹の中から発見する冒頭部分である。生徒たちの豊かな声の響きの中で、授業がゆったりと心地よい緊張感を持って進んでいた。何回も声に出して読み、他の人の朗読を聞いた後でさりげなく内容に入っていく。朗読する過程で、原文がしっかり子供たちの中に入っているため、その後の話し合いや発言の内容も全員できちんと共有できているように感じた。

こうしてみると、一見とっつきにくい古典の授業の中で、朗読はなくてはならないものだと思う。しかし、ただ「読みなさい」だけでは子どもたちは飽きてしまう。その時々の力に合わせ、いろいろな形で読ませることの大切さを私は副島さんの授業から学んだ。そこには教師の工夫やテクニックが必要になってくるだろう。ここで紹介したことも参考にしながら、生徒に合わせて朗読を入れた授業を組み立てていただけたらと思う。

子どもにとっても大人にとっても表現するということは自分を出す怖さと緊張感を伴うものだろう。だからこそ人は、声を出す時ただ受け身で聞いているだけではないエネルギーが湧いてくると思う。そのエネルギーを大事にしたい。もし、一生懸命読んだのに、冷たい雰囲気だったら、表現の一方通行だったら、そのエネルギーは枯れてしまうだろう。子どもにとって表現はとても必死で純粋なものだ。

今、中学二年生を担当しているが、古典を読むときは指名した生徒が読み終わると、たとえつたない朗読であっても自然に拍手がわいたりする。よく頑張ったね、という仲間からの励ましの拍手だ。暗記して堂々と発表できたときは、感嘆の声が上がる。私も、率先して拍手し、上手いところをほめることにしている。発表会をしたときは、自分の朗読への振り返りや友達の発表に対する感想を書かせ、生徒にもう一度戻していく。この読んだ後の作業も大切だ。温かい雰囲気と一人ひとりの振り返りが朗読を育んでいく、と思っている。

【参考図書】

▼生徒が百人一首に親しむために

・米川千嘉子著『ちびまる子ちゃんの 暗誦百人一首』キャラクター原作＝さくらももこ、集英社

▼朗読に適した古典はないかを探すには

・斉藤孝編『子ども版 声に出して読みたい日本語（10）歌舞伎・狂言』草思社

・斉藤孝編『子ども版 声に出して読みたい日本語（11）落語・口上』草思社

▼本文中に紹介した副島功さんの実践が載っているもの

・日本演劇教育連盟編『授業のなかの朗読』晩成書房

・日本演劇教育連盟編「演劇と教育」一九九四年六月号［特集］授業―学ぶ心の扉を開く 演劇教育の視点から（実践記録「初めての古文『竹取物語』を読む」授業者＝副島功）晩成書房

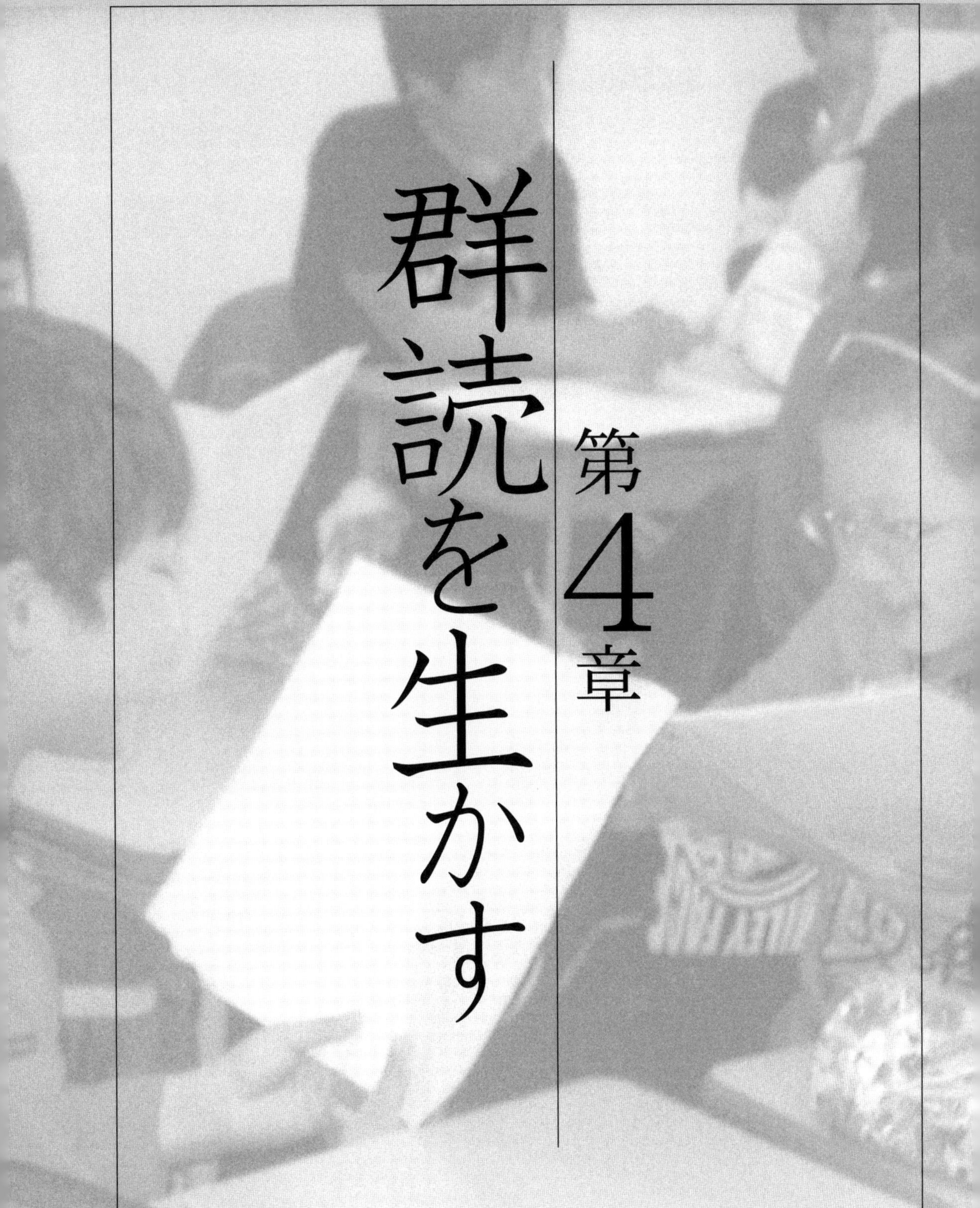

第4章
群読を生かす

1 「夕日がせなかをおしてくる」を群読する

刀禰佳夫

私がこの詩を知ったのはいつの頃だろうか。確かテレビかラジオから流れる歌によって知ったのだと思う。阪田寛夫詩集（ハルキ文庫）の年譜によると、阪田氏は一九六三年以後、ＮＨＫテレビ「歌のえほん」「みんなのうた」の時間の歌詞を、十年間にわたって書くとあるので恐らくこの時期に歌の歌詞として書かれたものだと思う。教育出版（三年）、東京書籍（三年）、三省堂（三年）など何社もの教科書に載ってきた人気の詩である。

何故この詩はこんなにも長い間人々に愛されてきたのか。それは子どもたちへの温かい心づかいが太陽と交わす会話によって描かれているからであろう。教材としてもよく取り上げられるのはイメージがとらえやすく、子どもたちにも親しめる平易な言葉で書かれているからだろう。

私もこの詩はあちらこちらの学校で声を出して読ませたり、少し体を動かしながら読むことを行ってきた。私は子どもたちと群読の活動を行う場合、既成の台本をそのまま使うことをほとんどしない。もとの詩や物語を読み深めながら、どこをどう読んだらよいかを子どもたちと考えて台本を作っていくことが多い。ここでは「夕日がせなかをおしてくる」の詩をどのように読み深めて群読の活動を行っていったかについて述べてみたい。

1――第一連をどう読み深め表現を工夫したか

夕日がせなかをおしてくる
まっかなうででおしてくる
歩くぼくらのうしろから
でっかい声でよびかける
さよなら　さよなら
さよなら　きみたち

ばんごはんがまってるぞ
あしたの朝ねすごすな

私はまずこの部分を読ませた後、子どもたちに次のことを問いかけた。

「どんな様子が思い浮かぶ?」

すると子どもたちからはすぐに、『夕方のお日さまが沈むところ』『子どたちが遊びから帰っていくところ』などの答えが返ってくる。そこですかさず、

「夕方のお日さまってどんな感じ?」と聞くと

『オレンジ色』『あったかい』『まぶしい』と子どもたち。

「じゃこの中で夕日が言っているところはどこだろう?」と聞きその部分を子どもたちに夕日になって言ってもらう。その時に子どもたちとの距離を考えさせると途端に声が大きくなる。中には張り裂けんばかりの大きな声を出す子もいる。そこで夕日がどんな気持ちで子どもたちに声を掛けているのだろうと問いかけると、『優しい気持ち』『子どもたちを心配してる』などという声が返ってくる。

「じゃあそういう気持ちを込めて言ってみよう」というと、声の調子が変わってくる。

次に最初の四行に着目させ、子どもになって四人の子どもに一行ずつ読んでもらう。その時夕日と子どもたちとの位置関係に着目させると、夕日は子どもたちの後ろから声を掛けていることに気づく。そこで夕日役の子どもを椅子の上に立たせ子ども役の子どもたちの方を向かせ、子ども役の子は夕日に背を向けて足踏みをしながら最初の四行を読ませてみる。すると途端に詩の世界が立体的になって浮かび上がって来る。

2——第二連をどう読み深め表現を工夫したか

夕日がせなかをおしてくる
そんなにおすなあわてるな
ぐるりふりむき太陽に
ぼくらも負けずどなるんだ
さよなら　さよなら
さよなら　太陽
ばんごはんがまってるぞ
あしたの朝ねすごすな

「最後の四行はだれがだれに呼びかけているのだろう」と問いかけると『子どもたちが太陽に』という答えが返ってくる。そこで最初の四行は四人が一行ずつソロで、最後の四行は子どもたちみんなで読むようにさせてみた。前に書いたように子どもたちはこれを足踏みをしながら読むのだが、三行目のフレーズ「ぐるりふりむき太陽に」に着目させ、この時振り向いて読むようにした。こうしたちょっとした動きを加えることによって、子どもたちの表情は生き生きしてくる。ところが夕日に向かって呼びかける部分がどうしてもどなり声になってしまう。そこで「子どもたちは太陽をどう思っ

ているのかな?」と聞くと、意外なことに『けんかしてる』という言葉が返って来た。どうも「負けず」「どなるんだ」という言葉にこだわっているようだ。そこでもう一度全体を読ませて考えさせてみると、ぼくらも太陽に親しみを持っていることに気づく。その上でもう一度最後の四行を読ませてみると明らかに声の調子が変わり柔らかい、親しみを持った表現に変わる。ここが音声表現の面白いところだ。

3——第三連について

ところでどの教科書にも、詩集にもこの詩は二連までしか出てこない。ところが歌の歌詞には第三連があるのだ。阪田氏はこの三連を歌のときだけ歌わせて欲しいと断り書きをしているが、この三連が実に良いのだ。この三連があってこの詩は完成するのではないかと私には思われる。そこで歌ではないのだが、群読として読む場合私はこの三連を使わせてもらうことにしている。第三連は次の通りである。(歌詞カードより)

夕日がせなかをおしてくる
でっかいうででおしてくる
握手しようか　わかれ道
ぼくらはうたう太陽と
さよなら　さよなら
さよなら　きょうの日
すてきないい日だね
あしたの朝またあおう
さよならきょうの日
さようなら

この三連で太陽と子どもたちとの関係がより鮮明になるし、「さようなら」が単に太陽と子どもとの間のものでなく、すてきないい日だった今日の日との別れでもあり、明日への希望をつなぐさようならでもあることを感じさせる大切な連だと思う。太陽と子どもたちがいっしょに読む部分ができて群読としてもより面白くなる。

ここで一つ問題になった箇所がある。それは「握手しようか」の部分は太陽と子どもたちが握手しようとしているのか、わかれ道で子どもどうしが握手しようとしているのかということである。意見が分かれるところだが、ここは素直に太陽と子どもたちとの握手ということにした。

さてここまでできたところで、クラスを半分に分け、半分は太陽、半分は子どもになってそれぞれの部分を読むようにさせてみた。その際太陽役の子どもたちは椅子の上に立って子どもたちの方を向き、子ども役の子どもたちは太陽に背を向けて足踏みしながら読むようにした。前述したように「ぐるりふりむき」の部分は途中で振り向きながら読むようにさせた。子どもたちはますます乗って来て意欲的に声を出すようになった。

4 —— できあがった群読台本をどう演じたか

さてこうした学習を経て次のような群読台本ができあがった。

子１　夕日がせなかをおしてくる　阪田寛夫
　２　夕日がせなかをおしてくる（子どもたち、太陽に背を向けて足踏みしながら）
　３　まっかなうでで　おしてくる
　４　歩くぼくらの　うしろから
　５　でっかい声で　よびかける（子どもたち足踏みを止める）
太陽　さよなら　さよなら（優しく、遠くへよびかけるように）
　さよなら　きみたち
　ばんごはんがまってるぞ
　あしたの朝ねすごすな
子６　夕日がせなかをおしてくる（子どもたち再び足踏みをしながら）
　７　そんなにおすなあわてるな
　８　ぐるりふりむき太陽に（太陽の方に向きをかえて）
　９　ぼくらも負けずどなるんだ
子全　さよなら　さよなら（足踏みを止めて、親しみをこめて遠くへ呼びかけるように）
　さよなら　太陽
　ばんごはんがまってるぞ
　あしたの朝ねすごすな
子10　夕日がせなかをおしてくる（全員正面を向いて）
　11　でっかいうでで　おしてくる
　12　握手しようか　わかれ道（全員手を正面に差し出しながら）
　13　ぼくらはうたう　太陽と
全（太陽・子）さよなら　さよなら（お互いに手を振りながら）
　さよなら　きょうの日
　すてきないい日だね
　あしたの朝またあおう
子14　さよならきょうの日
全（太陽・子）さようなら（お互いに手を振って）

この台本をどう演じたか。まず全員を二つのグループに分け一つのグループを太陽役、もう一つのグループを子どもたちにした。全員正面よりやや右を向いて立ち、子どもグループは振り向くところで、太陽側に少し向きをかえる。最後は全員が正面を向いて手を振りながら終わる。このような形で時には学年全体で、時にはクラス単位で演ずることができた。

子どもたちの顔が太陽のように輝いたのは言うまでもない。

2

「白いぼうし」を音読劇にする

玉垣淳子

教科書に「音読げきをしよう」という単元が登場したことがあった（光村図書）。題材は「白いぼうし」（あまんきみこ）、四年の四月教材である。以前から取り上げられてきた教材であるが、音読劇にするという扱いは初めてだった（現在は単元名は変わっている）。この作品は、男の子につかまってしまったもんしろちょうが、松井さんというタクシーの運転手に逃がしてもらい、仲間と共に喜び合うというファンタジックな話である。全体が四つの場面に分かれており、会話も多く、音読劇にするのに適した作品である。

わたしは、東京江戸川区の四年生と共に、この作品を音読劇にすることにした。配当時間は八時間である。

教科書には「ことばや表現に気をつけて読み、場面の様子や登場人物の気持ちを想像しましょう」とある。指導書の計画では、大半を机上の作業で過ごし、わずか二時間で台本作りと練習をすることになっている。これでは、子どもたちにとってはやや退屈なものになるのではないかと考え、全体を通して音読劇を作るという方法をとりたいと考えた。

子どもたちは、物語に出会う時、おおよその内容を理解し、自分なりの感想を持つことができる。それを前提として、次のように進めていくことにした。

①自分で読みとったことを友だちと話し合いながら、音読劇という形で表現していく。（第一段階の読み）

②音読劇を発表し、友だちから感想やアドバイスをもらい、新しい発見をする。発表を見る側も、自分の読みとりや表現との違いに気付くことにより、読みを深めたり、多様な表現方法を知ったりする。（第二段階の読み）

あくまでも、子ども主体の表現を基本とし、わたしは子どもの表現力を引き出すための助言をすることにした。机上の作業ではなく、読みとったことをことばと身体で表現する。表現したことを文に戻って確かめていく。それを繰り返しながら、登場人物の人柄や情景を想像し、読み方の工夫も体得していくのである。早い段階から音読劇で表現し、交流し合うことで、意欲や工夫が生まれると考えた。

1――初発の感想から

まず、物語の全体像をとらえさせるため、わたしが朗読して、その後、思い浮かんだ情景や、心に残ったこと、知りたいことなどを書いてもらった。話の中に登場する女の子が消えたことがよく分からないという子が多かった。中には「女の子がちょうだったのかもしれない。」と気づき始めている子もいた。この疑問を、音読劇を作っていく過程の中で解決していきたいと考えた。また、最後に聞こえてきた声「よかったね。」「よかったよ。」についても「ふしぎだなあ。」「一番心に残った。」「なぜかやさしい気持ちになった。」という感想が多かったので、これを物語のクライマックスとして表現させたいと考えた。

2――第一場面の様子――音読劇のやり方を知る

まず、第一場面を読み、松井さんとしんしについて想像する。松井さんは、・にこにこしている・気がやさしい・三、四十代のおじさん……。しんしは、・えらそう・おしゃべりが好きそう・食べ物に興味あり・かっこいいおじさん……などが出る。二人のイメージが浮かんだところで、会話文だけを二人組で読むことにする。ここで、「せりふを言うときは、人物の様子や気持ちが伝わるように読む」ということを伝え、掲示する。

練習の後、発表してもらう。その時、椅子を前後に二つ並べ、タクシーの座席にする。ここで、初めて音読劇を演じることになる。椅子に座った二人はすっかり松井さんとしんしになりきっている。「気持ちがこもっていた。」「しんしになりきっていた。」という感想が出された。

二人組で会話文を読んでみる

ここで、本物のもぎたての夏みかんを登場させた。「いいにおい。」と子どもたち。その夏みかんのにおいをかぎながら、もうひと組が発表した。場の雰囲気はできあがった。

次に、ナレーター役を決め、グループで練習することにした。ここでは、「ナレーターは、場面の様子が伝わるように読む」ということを伝え、掲示する。グループの発表では、「声が大きくて良かった。」「気持ちがこもっていた。」「ナレーターがはっきりしていて聞きやすかった。」という感想があった。しんし役の子がセリフを覚えて言ったので、「すごい。」という声が上がった。「しんしはおりていきました。」のところで、彼は椅子から立ち上がり、「出て行きました。」とつぶやきながら歩き出したので、車から降りて行く姿が想像できた。ここで、「動きをつけると劇らしくなるね。」とみんなで確認し合った。

音読劇のやり方をつかんだ子どもたちは、もう十分に意欲が高まってきた。みんな発表したくてたまらない様子であった。

3 ――第二場面の様子――場を設定し、動作を工夫する

動きやすくするために、席をコの字型にし、教室のまん中に場を設定した。椅子二つの他に、運転席に夏みかんをのせるための台を置いた。

登場人物の確認の後、松井さんのしたことを読みとることにした。まず、自分で文章に線を引いてから、発表させた。ここでは松井さんの動きがたくさんあるので、主な物をカードに書いて、順番に黒板に掲示していった。

次に、白いぼうしがどこにあったか、何が入っていたのか、石はどこにあったのか、を確認して、白いぼうしと小石を置いた。ちょうちょは画用紙で作ったちょうを一メートルほどの竹ひごの先に付けて、ぼうしの中に隠した。初発の感想のときに、ここの読みとりが不十分な子が何人かいたので、具体物を置くことで、しっかりと読みとることができたと思う。

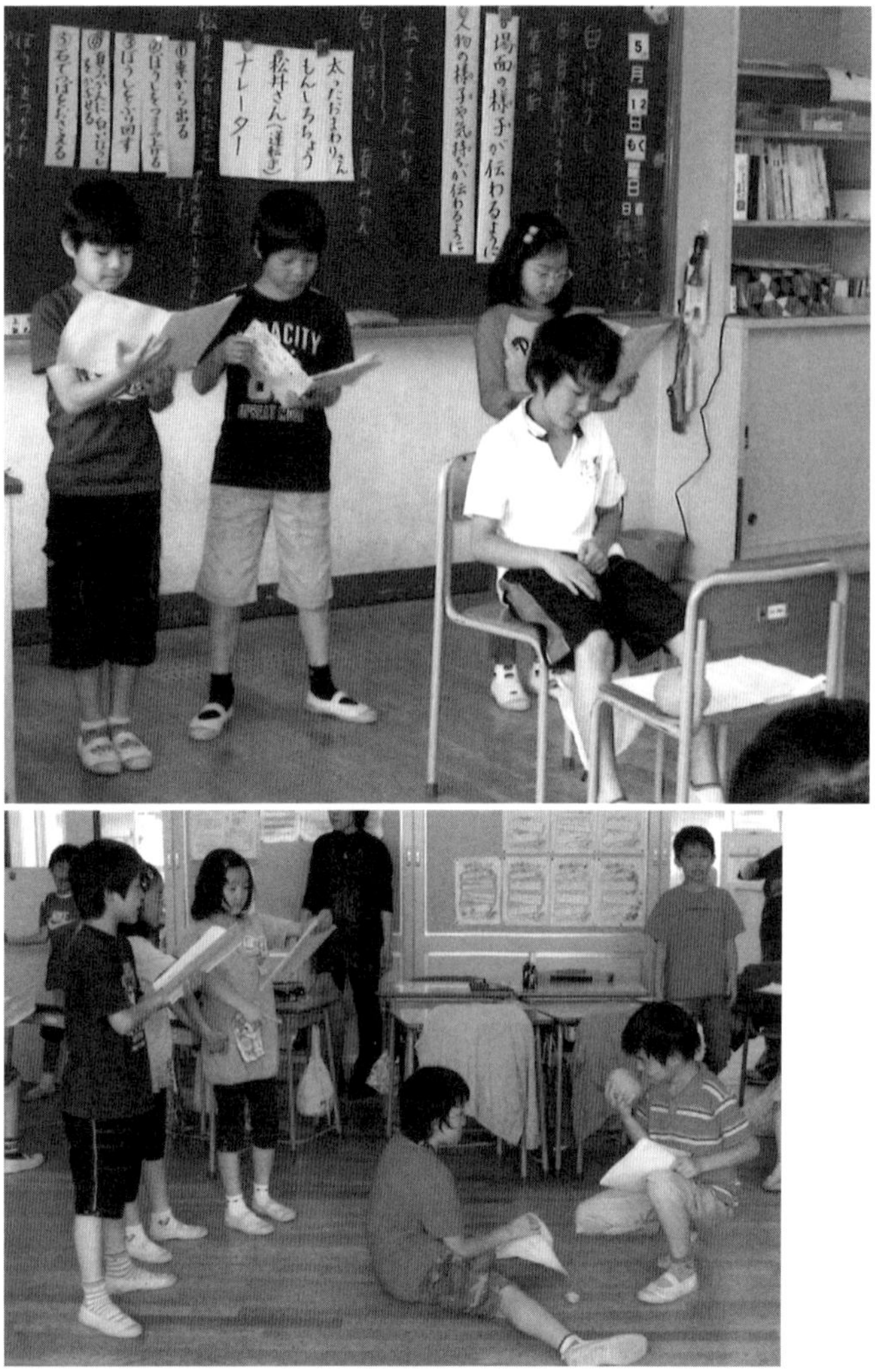
椅子を運転席に見立てたりして（上）、動作を工夫する

場の設定ができたところで、グループごとに、音読劇の練習をした。今日のテーマは、松井さんがしたことを読みとって、動作で表すことである。その他に、セリフのないおまわりさんやちょうもセリフを考えて言っていいと伝えた。

発表では、松井さん役の子が、ぼうしを激しく振り回し、夢中でちょうを追いかける姿が見られた。別の子は、ぼうしを裏返して、「たけのたけお」と名前を読み、ため息をついた。おまわり

さん役の子が、それを不審そうに、じろじろ見ていくので、それがおかしくて、みんなの笑いをさそった。セリフがなくても意外な人気役だった。松井さんがぼうしをつまみあげたとたん、白いちょう役の子が竹ひごをもって、ちょうちょをひらひらさせて動いていくので、みんなは思わず目を見張った。本当に、ちょうちょが飛んでいくようだった。

小道具の助けにより、松井さんの動作やセリフが生き生きしたものになった。

4——第三場面の様子——ふしぎな女の子について考え、表現する

「女の子はだれなんだろう。」という問いに「白いちょう」「男の子がつかまえたちょう」「松井さんが逃がしたちょうだ」という答えが返ってきた。ここまでくれば、十分に読みとりができているのだ。次に、知らないうちにタクシーに乗っていた女の子が、なぜ「早く、おじちゃん。早く行ってちょうだい。」と言ったのか聞いてみた。「男の子につかまってしまうから。」「こわいんだ。」と子どもたち。この様子を二人組で、松井さんと女の子になってやってみてから、グループ練習に入った。

グループ練習の途中で、「虫とりあみを作りたい。」と言って、棒にスーパーの袋をつけて作っていた子がいた。「虫とりあみをかかえた男の子」「このあみでおさえてね。」という言葉にこだわり、その男の子になりきりたかったのだ。

発表では、松井さん役の子は「車に戻ると」という出だしの部分にこだわって、わざわざ、ぼうしの置いてある所から車の運転席に戻るという細かい演技をしていた。女の子役の子は、足をバタバタさせて、〈せかせかと〉セリフを言っていた。二人とも文章をよく読みとり、それを工夫して動きで表現することができたのだ。見ている子どもたちからも、「女の子のせかせかした様子が分かった。」「こわいという気持ちが分かった。」という感想が出された。「松井さんが、『ええと、どちらまで。』という時に、後ろを向くといい。」というようなアドバイスも出るようになった。

5——第四場面の様子——誤った読みを修正する

いよいよクライマックス。「女の子はどこへ行ったんだろう。」という問いに「団地の前の野原だよ。」「女の子はどうしたの。」と聞くと、「白いちょうになったの。」と答えが返ってきた。『よかったね。』『よかったよ。』はだれとだれが言っているんだろう。」という問いにはみんなが、「仲間のちょうちょと白いちょうだよ。」と答える。「では、何がよかったの？」と聞くと、「男の子から逃げてこられたから。」「みんなのところに戻れてよかった。」Ｓさんが「女の子は白いちょうで、迷っていたんだね。」とまとめてくれる。Ｙ君

画用紙と竹ヒゴで作ったちょうちょが乱舞

がつぶやく。「そうかあ、女の子がいなくなったんだね。」ここで、Y君は自分の読みとりの間違いに気づいたのだった。彼は、初発の感想で、「男の子がいなくなった。」と書いていたのだ。こうして、自分の読みを修正しながら、みんなで読み進めていくのは楽しい作業である。

　グループの練習を見ると、松井さん役の子が、「車を止めて」のところで、ブレーキを踏む動作をしているのが目に入った。なかなか細かい表現である。廊下で進んで練習するグループもあり、話し合いながら動いている。最後の場面に、みんな熱が入っている。

　発表の時、子どもたちが作った竹ひごにつけたちょうちょが二十匹ほど用意された。ちょうの役の子どもたちが、竹ひごをゆらすと、きれいなちょうの乱舞になった。みんなで口ぐちに「よかったね。」と言ってみるが、感じがでない。「白いちょうの方を向いて、声をかけてごらん。」と言うと、やさしい言い方になった。

　感想として「松井さんの『おや。』という感じがでていた。」「『おかしいな。』という言葉を後ろ向きになって言っていた。」「男の子が、口をオーの字に空けているのがよかった。」「ちょうが本当に舞っているようで、きれいだった。」と、具体的に友だちの工夫を認めることができるようになってきた。

6――全体を通しての発表

　グループで読みたい場面を出し合い、クラス全体がA・B・Cの三つのグループに分かれて、発表することになった。動作の工夫はよくできるようになったが、ナレーターの読みについて、再度確認してから練習に入りたいと思った。ナレーターの読みが早くなりがちだったからだ。そこで、「ナレーターはゆっくりお話ししてあげるように読もう」ということを確認した。

この作品の最後の文章「車の中には、まだかすかに、夏みかんのにおいがのこっています。」をどう読むか考えさせたかったので、やってみることにした。初発の感想の中から「ふしぎだなあ。」「このできごとは、全部まぼろしだったのか。」「ゆめだったのかもしれない。」「やさしい気持ちになった。」と書いてあったのを紹介し「夏みかんが運んできた不思議なできごとをしめくくって読もう。」と提案した。ＳさんとＮさんが、ゆったりと、松井さんの思いを込めて読んでくれた。

グループ発表では、聞く側は、感想をメモするようにした。その時に観点を示し、聞くようにした。

ナレーター
・声の大きさに気をつけてことばをはっきり読む。
・聞いている人がわかる速さで読む。
・大事なことばをていねいに読む。

キャラクター
・気持ちをこめて話すように読む。
・動作をくふうする。
・小道具を生かす。

短い練習時間であったが、子どもたちは色々と工夫して、音読劇を発表した。セリフはほとんどの子が覚えており、動作を工夫していた。たとえば、「夏がいきなり始まったような暑い日です。松井さんもお客も、白いワイシャツのそでを、うでまでたくし上げていました。」のところでは、しんし役の子は半そでを着ていたのに、袖をたくしあげて、額の汗をぬぐう動作をして、夏の暑さを表現していた。「（夏みかんの）すっぱい、いいにおいが、風で辺りに広がりました」のところでは、松井さん役の子が、夏みかんを手の平にのせ、「いいにおい。」っていう感じでにおいをかいでいた。セリフをつけ足した子もいた。もんしろちょうが飛び出したとき、松井さん役の子が「まってよー。」と追いかけていた。「あー、ちょうちょが飛んでいく。」と言った子もいた。男の子がお母さんの手を引っぱってくるところでは、お母さん役の子が「虫きらいなの。」と言いながら、座り込んだ。

感想メモには、友だちの良いところが具体的に書かれており、発表を見る側の子は、友だちの動きや声をしっかりと見たり、聞いたりしていることが分かった。

7――音読劇をやってみて――子どもたちの感想

▼わたしは、ナレーターで、みんなが聞ける速さで読めました。みんなもいいところはいっぱいあったけれど、特にＯさんのセリフが心に残りました。なぜかというと、セリフをおぼえて、動作をしていたから、とても気持ちがこもっていました。「白いぼうし」を読んだときは、意味が分からない物語だなと思ったけど、だんだん勉強していくうちに、内容が分かってきました。今度、二年生の前で発表することになったら、一回読んであげただけでも内容が分かるように、音読劇をしたいです。

▼わたしは、自分で劇をやったり、みんなの劇を見みたりしたからすごく心に残りました。最初は緊張したけど、だんだんわくわくし

ながらできるようになりました。みんなでやれば楽しいんだなと知りました。動作をつけたり、セリフを作ったり、ちょうを動かしてとんでいるようにするのも楽しかったです。これからもセリフを覚えたり、気持ちをこめて読むことをしていきたいです。

8 ——終わりに

音読劇をやってみて、このわずかな時間に、子どもたちが大きく変わったことに驚かされた。グループで作り上げるために、友だち同士のコミュニケーションが上手にとれるようになった。発表が苦手だった子が、「また、音読劇をやって、前で発表したい。」とまでいうようになった。また、たくさんの喜びを子どもたちは感じていた。疑問が解けた・分かったという喜び、友だちの工夫やよさに気づいた・友だちに認められたという喜びなどなど。いつも子どもたちの生き生きとした表情が教室に満ち溢れていた。

音読劇は、物語の内容を読みとり、その世界にひたるのに、とても効果的な方法であるとともに、子どもたちの心と身体を生き生きと活性化させる方法であると実感した。

3 「宮沢賢治作品集」を群読する

松宮文子

1――なぜ宮沢賢治の詩を選んだのか

宮沢賢治は、私の故郷の偉人であり、小さいころから、賢治ケ丘への遠足などで、慣れ親しんできた人でもあります。

全校音読集会で「高原」「種山が原の夜」「風の又三郎」をすでに発表していましたので、江戸川区の発表では、さらに「原体剣舞連」を加えて仕上げてみたいと思いました。「原体剣舞連」は、六年生にとって難解な詩です。しかしあえて私はこの詩に挑戦してみることにしました。

2――「原体剣舞連」について

私がライフワークにしている民舞の取材で、以前江刺を訪れて、子どもたちが亡者を弔うために踊る「原体剣舞連」を見せてもらったことがあります。

軽やかに力強く踊る姿が思い出されて、群読に「原体剣舞連」をぜひ入れたいと思ったのです。この詩には、難解な言葉が随所に出て来て、六年生ではとても理解不能ではと思われるところがあります。そこでまず、詩集に書かれている解説を参考にしながら、子どもたちの分かる言葉に置き換えて説明しました。

詩は読む人の感性で感じ取ることが大事です。そこで、言葉の説明をした後は、写真や映像をみせたり、私が体験したことを話したりすることで、子どもたちに自由に想像させるようにしました。江刺を訪れたのが縁で「原体剣舞保存会」の方たちと面識があったので、剣舞を踊る子どもたちのＶＴＲや写真を送ってもらい、六年生に見せることができました。

花巻祭りの「鹿踊り」のポスターでイメージを膨らませたり、賢治作曲の「牧歌」をオカリナの演奏に合わせて歌ったりして、賢治の世界に少しでも触れさせたことによって、子どもたちなりに詩の深さを味わうことができたのではないかと思います。

3 ―― 構成と演出について

入場は「牧歌」のメロディ、「原体剣舞連」の導入には地元の保存会の歌とお囃子、そして退場は別の「原体剣舞連」の伴奏つきの歌にしました。

群読には、研修会で学んだことのある「リーダーズ・シアター」の手法を取り入れることにしました。身体を動かしたり、台本で顔

身体を動かしたり、後ろ向きで演じたり、リーダーズ・シアターの手法を取り入れた発表

を隠したり、後ろ向きで演じたりする手法が効果的と思われる個所には積極的に入れてみました。

また、太鼓の音を表す言葉のところでは、締め太鼓と鉦の響きに合わせて発声させるとともに、連の合間にも太鼓と鉦で音を出し間を取ることにしました。背景には「種山が原」「原体剣舞」などの映像を場面ごとに映写しました。

4――それまで取り組んで来たこと

国語の授業では、音読の表現読みに力を入れてきました。チェックポイント付の音読カードを作って、毎日の宿題に出し、保護者からサインをもらうようにしました。私も毎日そのカードにコメントを書いて返しました。

また、教室には「今月の詩」を掲示して、朝の会で一斉音読をしたり、暗唱にもチャレンジさせました。音読することで、書かれている内容がより分かるようになるし、表現読みを意識させることで、内容の理解がより深まると思います。

このような日常の積み重ねが、声を出して表現することへの抵抗を取り除いていったのではないかと思われます。

5――発表を終えて

初めて「原体剣舞連」を子どもたちに読ませたときは、やはり難しくて、ちんぷんかんぷんの様子でしたが、言葉の持つ不思議な魅力にだんだん惹かれていったようです。「難しいけれど、この詩が好き」という子どもが増えていきました。難しいものほど、それを克服して自分のものにしたいという欲求を、子どもは本来持っているのかもしれません。

リーダーズ・シアターの手法を効果的に取り入れると、詩の内容に劇的要素が加味されて、より印象深くなると感じました。「身体を使って群読するのは、とても楽しい」という声が、子どもたちからも出ました。

一人ひとりが、自分で思った表現方法で、聴いてくれる人に向かって、真っ直ぐに発信できたら、とても素敵なことだと思います。子どもたちがこれから生きていくなかで、自分をてらいなく表現できるということは、まさに生きる力に結びつくと思います。


【参考図書】
▼リーダーズ・シアターを知るために
・メルビン・ホワイト著『朗読劇ハンドブック』岡田陽・大園みゆき訳、玉川大学出版部

群読台本

「宮沢賢治作品集」より

（東京・江戸川区立小松川小学校6年生上演台本）

構成——松宮文子

宮沢賢治作曲の「牧歌」の曲で入場

《パート1は後列　パート2・3は前部に二つに縦に別れて並ぶ》

《太鼓の音》

男全　鹿踊りだぢゃい（鹿踊りの手さばき、足さばきで太鼓の音に合わせながら）

▼高原

《ソロの三人だけ正面を向いて立っている　背景に高原の写真》

ソロ1　高原

ソロ2　海だべがど　おら　おもたれば（岩手の方言で　以下同じ）

ソロ3　やっぱり光る山だたぢゃい

《後ろ向きだった全員、一斉に右回りで正面を向く　背面に鹿踊りの写真》

全　ホウ（高原から遠くの山に向かって叫ぶように）

《風の擬音》

女全　髪毛　風ふけば（髪の毛を振り回すしぐさで）

▼牧歌（「種山ヶ原の夜」の歌）

《背面に種山ヶ原の動画》

ソロ1　種山ヶ原の夜（岩手の方言で　以下同じ）

ソロ2　種山ヶ原の雲の中で刈った草は

全　刈った草は（たずねるように）

ソロ3　どごさ置いだが忘れだ

パート1　忘れだ（パート1からパート3まで次々に追いかけるように）

パート2　忘れだ

パート3　忘れだ

全　雨ゃふる

《オカリナ演奏》

歌　種山ヶ原の霧の中で刈った草さ
　　わすれ草も入ったが忘れだ　雨ゃふる

ソロ4　種山ヶ原の長峰さ置いだ草は
全　置いだ草は（たずねるように）
ソロ5　雲に持ってがれで無ぐなる
パート3　無ぐなる
パート2　無ぐなる
パート1　無ぐなる
全　無ぐなる

《オカリナ演奏》

歌　種山ヶ原の長峰の上の雲を
　　ぼっかげで見れば無ぐなる　無ぐなる

▼風の又三郎

《背面に風の又三郎の挿絵》

ソロ1　風の又三郎

《全員　体を左右にゆらす》

パート1の上手側　どっどど　どどうど　どどうど　どどう
パート1の下手側　どっどど　どどうど　どどうど　どどう
　　　　　　　　　どっどど　どどうど　どどうど　どどう
　　　　　　　　　（以下　パート1一定リズムで繰り返す）
ソロ2・3　青いくるみも　吹きとばせ
パート2　吹きとばせ（吹きとばす動きをつけて　力強く）
パート2　どっどど　どどうど　どどうど　どどう
　　　　（全員低い姿勢で風が吹き荒れる様子をつけて）
　　　　どっどど　どどうど　どどうど　どどう
　　　　どっどど　どどうど　どどうど　どどう
パート3　すっぱい　かりんも（立ち上がって）
パート2・3　吹きとばせ（立ち上がって）
全　吹きとばせ（吹きとばす動きを　さらに力強くつけて）
全　どっどど　どどうど　どどうど　どどう
　　（全員立ち上がって　大風が吹き荒れる様子をつけて）
　　どっどど　どどうど　どどうど　どどう
　　どっどど　どどうど　どどうど　どどう
　　どっどど　どどうど　どどうど　どどう（力強くしめる）

▼原体剣舞連

《全員後ろ向き》

ソロ1　原体剣舞連（正面を向く）

《背面に　原体剣舞の写真やＶＴＲ映像を映す》

全　ｄａｈ―ｄａｈ―ｄａｈ―ｄａｈ―ｄａｈ―ｓｋｏ―ｄａｈ
―ｄａｈ（後ろ向きのまま　ゆっくりと太鼓が響くように）

ソロ2　こよい異装のげん月のした（正面を向く）
ソロ3　鶏の黒尾を頭巾にかざり（正面を向く）
ソロ4　片刃の太刀をひらめかす（正面を向く）
パート1全　原体村の踊手たちよ（正面を向く）

《太鼓のリズムでパート2が正面を向く》

ソロ2　若やかに波だつむねを
パート2全　アルペン農の辛酸に投げ
ソロ5　ふくよかにかがやく頬を
パート2全　高原の風とひかりにささげ
ソロ5　菩提樹皮と縄とをまとふ
パート2全　気圏の戦士わが朋たちよ

《太鼓のリズムでパート3が正面を向く》

パート1　青らみわたる灝気をふかみ
パート2・3　楢とぶなとのうれいをあつめ
パート1　蛇紋産地に篝をかかげ
パート2・3　ひのきの髪をうちゆすり
ソロ6　まるめろの匂いのそらに
ソロ6・7　あたらしい星雲を燃せ
全　ｄａｈ―ｄａｈ―ｓｋｏ―ｄａｈ―ｄａｈ
パート1　肌膚を腐植と土にけずらせ
パート2　筋骨は冷たい炭酸に粗び
パート3　月月に日光と風とを焦慮し
ソロ8・9　敬虔に年を累ねた師父たちよ
全　師父たちよ
パート1　こよい銀河と森とのまつり
パート2　准平原の天末線に
パート3　さらにも強く鼓を鳴らし
ソロ9・10　うす月の雲をどよませ
全　ＨＯ！　ＨＯ！　ＨＯ！（力強く）

《ソロ以外は全員台本で顔を隠す》

ソロ11　むかし達谷の悪路王
ソロ12　まっくらくらの二里の洞
ソロ13　わたるは夢と黒夜神
ソロ14　首は刻まれ漬けられ
ソロ15　アンドロメダもかがりにゆすれ

ソロ16　青い仮面このこけおどし
ソロ17　太刀を浴びてはいっぷかぷ
ソロ18　夜風の底の蜘蛛おどり
ソロ19　胃袋はいてぎったぎた
《全員　顔を出す》

全　ぎったぎた
全　dah—dah—dah—dah—dah—sko—dah
—dah

女全　さらにも強く刃を合わせ
男全　四方の夜の鬼神をまねき
女全　樹液もふるうこの夜さひとよ
男全　赤ひたたれを地にひるがえし
男全　雹雲と風とをまつれ
全　dah—dah—dah—dahh
全体の上手側　夜風とどろきひのきはみだれ
全体の下手側　月は射そそぐ銀の矢並
全体の上手側　打つも果てるも火花のいのち
全体の下手側　太刀の軋りの消えぬひま
全　dah—dah—dah—dah—dah—sko—dah
—dah
全　太刀は稲妻萱穂のさやぎ
全　獅子の星座に散る火の雨の
全　消えてあとない天のがわら
全　打つも果てるもひとつの命
全　dah—dah—dah—dah—dah—sko—dah
—dah（力強くしめる）

——終わり——
【参考図書】
・宮沢賢治『春と修羅』筑摩書店

4 授業に生かす群読
『おくのほそ道』の授業をめぐって

大沢 清

1――群読の授業のねらい

学校教育の中で、学芸会や文化祭などさまざまな行事で群読がとりあげられている。それと並行して授業にも群読が取り入れられてそれらの実践が数多く報道された。

しかし、その一方で必ずしも群読の実践が深く検討され、そこに内在している問題点に焦点をあてた論議は少ないように思う。私自身も『おくのほそ道』を教材にして授業で群読実践に挑んだ背景には次のような問題意識を持っていた。――舞台芸術の群読ではなく学校教育の中に群読を取り入れるにはどうしたらよいか、それは可能なのか、具体的な実践でも群読台本づくりで、なぜ、そこを群で読むのか、群で読むことでどんな効果があるのか、さらにどんな教材が群読にはふさわしいのか。今、あらためてその考えを整理する必要があるように強く思う。

以下の授業実践の前の時間には山本安英の会の平家物語「知盛」の群読のテープ（第25回全国演劇教育研究集会発表時のもの）を聞いた子どもたちは強い印象を受けていて、そのことが今回の授業にエネルギーとして持続していたと私は考えていた。事実、子どもたちは授業後半の「平泉」の台本づくりでは、それぞれのグループごとに話し合い、読みの分担を決め、十分な練習はできないまでもわずかな時間の中で二つの班が発表するところまで持っていけたのはそのエネルギーが大きく作用していたのではないのか。また、班ごとの話し合いを通して、子どもたち一人ひとりが主体的に学習に参加できたこと、全員に音読の機会が与えられたということもあり、群読の方法は確かに子どもたちを積極的、主体的にしたと言えるのではないか。

次に授業記録を再録する。授業は一九九六年十二月、横浜市立青葉台中学校三年生のクラスでおこなわれた。八時間扱いの第七時間

〔教材〕『おくのほそ道』　松尾芭蕉

夏草

１

月日は百代の過客にして、行きかふ年もまた旅人なり。舟の上に生涯を浮かべ、馬の口とらへて老いを迎ふる者は、日々旅にして旅をすみかとす。古人も多く旅に死せるあり。予もいずれの年よりか、片雲の風にさそはれて、漂泊の思ひやまず、海浜にさすらへ、去年の秋、江上の破屋に蜘蛛の古巣をはらひて、やや年も暮れ、春立てる霞の空に白河の関越えんと、そぞろ神の物につきて心をくるはせ、道祖神の招きにあひて、取るもの手につかず、股引の破れをつづり、笠の緒付けかへて、三里に灸すうるより、松島の月まづ心にかかりて、住めるかたは人に譲り、杉風が別墅に移るに、

草の戸も住み替はる代ぞ雛の家

表八句を庵の柱に懸け置く。

２

三代の栄耀一睡のうちにして、大門の跡は一里こなたにあり。秀衡が跡は田野になりて、金鶏山のみ形を残す。まづ、高館に登れば、北上川南部より流るる大河なり。衣川は、和泉が城をめぐりて、高館の下にて大河に落ち入る。泰衡らが旧跡は、衣が関を隔てて南部口をさし固め、夷を防ぐと見えたり。さても義臣すぐつてこの城にこもり、巧名一時の叢となる。「国破れて山河あり、城春にして草青みたり」と笠打ち敷きて、時のうつるまで泪を落としはべりぬ。

夏草や兵どもが夢の跡

卯の花に兼房見ゆる白毛かな　　曾良

かねて耳驚かしたる二堂開帳す。経堂は三将の像を残し、光堂は三代の棺を納め、三尊の仏を安置す。七宝散り失せて、珠の扉風に破れ、金の柱霜雪に朽ちて、既に頽廃空虚の叢となるべきを、四面新たに囲みて、甍を覆ひて風雨を凌ぐ。しばらく千歳の記念とはなれり。

五月雨の降りのこしてや光堂

目のものである。

■授業の構成

第一時　「おくのほそ道」の作品について。「序」の読み。

第二時　発表された芭蕉の直筆について。「序」の読みと原文複写、口語訳。

第三時　原文複写、口語訳の続き。「序」の部分の解釈、旅の目的や作品のテーマなど。

第四時　「平泉」の音読。読みの注意など。学習プリントにより「平泉」を読み深める。「序」と「平泉」の文体の違いに着目。学習班（六班）の編成。

第五時　学習プリントにより「平泉」の解釈。文中の三つの俳句について。

第六時　群読による読み深めに入る。学習プリントにより、群読について話し、平家物語「知盛」の群読（山本安英の会公演）のテープを聞く。

第七時　**（本時）**「序」と「平泉」の音読。平家物語のテープを聞いた感想発表。班ごとに「平泉」の群読台本づくりと練習。二班、六班発表。

第八時　全班の発表。学習プリントに感想を書く。

2 ――『おくのほそ道』授業記録〔記録者＝甕岡裕美子〕

1■「平泉」を一斉に読む（省略）

2■「平家物語」の群読を聞いて（○女子／●男子）

大沢「では、『平泉』の部分の文章の特徴は、どんなところにありますか？　佐藤さん」

○佐藤「俳句が三つある」

大沢「俳句が三句入っている。それから？」

○佐藤「杜甫の詩が引用されている。紀行文になっている」

大沢「それから序のところに比べて……」

○佐藤「文の長さが短い。漢語が多い」

大沢「序の部分に比べると漢語が多い。ですから響きとしては、力強さが感じられると思います。そういう感じが出るように、また読みをやってみたいと思います。

　昨日は、そもそも群読とは何なのかという話をちょっとしましたが、群読という言葉を初めて聞いた人もいたと思います。そこで『平家物語』のテープを聞いてもらいましたね。君たちが昨日のテープをどんなふうに聞いてくれたか、それをちょっと聞かせてもらいたいんですね。自分たちのふだんの読みと、いろいろ違いがあると思うし、気がついたこともあるかと思いますが、それを少し発表してください。

　ではさっきの続きで、四班の漆原君。昨日のテープの感想をお願いします」

　前の時間に聞いたテープは、山本安英の会のメンバーによる「平家物語」の群読。第25回全国演劇教育研究集会（一九七六年）の折りに発表されたものである。

●漆原「勢いがあって、一人ひとりの言葉がはっきりしていたので、声が重なっているところも聞き取りやすい」

大沢「勢いがあった。すごくいいところに気がついてますね。勢いがあって、一人ひとりの声がはっきりしていた。これはすごく大事な点だと思いますね。いいですね。その隣の松村君、どうですか」

●松村「力強くてはっきりしていた」

大沢「読み方がね。それから？」

○井上「一人で読んだり何人かで読んだりして、工夫していた」

○橋本「力強くて、一人で読むところとみんなで読むところ、メリハリができてよかったです」

大沢「力強くて、一人で読むところとみんなで読むところが……。それから、メリハリがね大変はっきりしている。そういう感想をもってくれました」

○高橋「一人で読むところより複数で読んだところが力強くて、メリハリがあった」

大沢「うん。メリハリって何人か出ているけれど、読みの中で非常に大事ですね。さっき、みんなで班ごとに『序』の部分と『平泉』のところを読んでもらいました。ともすれば一本調子で坦々となりがちだけれど、強く読んだり弱く読んだり、あるいは速く読んだりゆっくり読んだり、そういうことが出てきます。これは大事なところだと思います」

●吉田　「力強くて、声しか聞いていないがその力強い声からその人たちの動作がうかがえる」

子どもたちの発言は、かならずしも大きい声ではない。大沢さんはしばしば子どもたちの発言を反復し、時には再度読ませることで、他の子どもたちに聞かせようとしている。

大沢　「これは、聞く人それぞれの受け止め方になるかと思うんだけど、聞くことでぐうっとイメージが広がっていく。そこにいる人たちがどんな動作で、動作があるかないか、しかしそれが浮かんでくるという……。これはすごく大事なことですね。吉田君、よく深く聞いていたと思います」

○佐藤　「一言ひとこと異なった口調で、一人で読むよりも複数で読んだ方が力強く響いてきて感じられた」

●松山　「物語の、話の盛り上がるところが複数の人間が強く発言していることで、力強さや躍動感が伝わる」

大沢　「いいですね。複数の人が発言しているところで力強く伝わってくる」

●山谷　「一人で読んでいるところはいろいろ声の工夫して、強調したり、複数で読んでいるところはすごく力強い」

大沢　「今、山谷君も非常に大事なことを言ってくれましたね。前半の部分をよく聞いて、しっかりまとめていたと思います。そういうふうに、昨日初めて『平家物語』のテープを聞いてもらったけれども、みんなの受け止めたところに群読の本質というか、大事なところがしっかりとらえられていると思います」

3■班ごとに群読台本をつくる

大沢　「そういうことを受け止めながら、今日は自分たちなりの群読をやってみましょう。

プリントの三枚目、台本をつくる部分がありますね。本当は全体でやればいいんですが、時間がないので……。昨日分担しましたけれど、一班から三班の人たちは前半の部分を、四班から六班の人たちは後半の部分を、工夫して群読になるように台本をつくってもらいます。

どういうふうに作るかというと、ナンバー3のプリントを見てくれる？　左側のところに『すすめ方』を書いておきました。①、一人ひとりが黙読する。これはやっていると思います。②、班全員で声をあわせて斉読する。そのあと③、一文読みをする。一人一文ずつ読んで、読み間違いがないかどうか確認してください。そして④、ここが大事ですね。読み方を決めていく。

この、読み方を決めていく時に、二つのポイントがあります。一つはそこにあるように、文の内容に合わせて、たとえばそれぞれの文の中で、強く読むところはどこなのか。ここの部分ははっきり強調した方がいいよというところは、みんなで確かめる。逆にゆっくり読むところはないのだろうか。それから間はどこでとるのがいいのか。俳句のところ、あるいは意味が変わるところ、そういうところをどうするか考える。それから大事なのは、その文章全体の流れの中で、大きく盛り上げるクライマックスはどこなのかというところですね。そこに、読みの工夫というものがほしいなという気がします。それがBのポイントです。

それからAのポイントに行くと、⑤、それらをどういうふうに分けて読むのか。今日は一つの班が五人から六人ですから、そんなに大勢ではないんですけど、しかし一人で読むところがあり、男子だけであるいは女子だけで読むところがあると、二人か三人になりますね。そして六人がどこかで声を合わせられたら、これもいいなという思うんですけど。そういうことも考えながら、どういうふうに分けて読むのか。この二つのポイントを、話しあって決めてください。

そして早くできた班は、具体的にここは誰……と、読む人を決めてください。プリントにAからF、女子の1・2・3、男子の1・2・3とありますから、声をそろえて読むところはABCとか、ABCDEFとか、記号を入れながら台本にしてみてください。そして分担ができたところは声を出して読みの練習をしてみてください。今から十五分くらい時間をとりますので、班の中でお互いに話しあってください。ではじめ」

子どもたちはそれぞれ話し合いを始める。最初は小声で話し合っている班が多いが、しだいに話し声が大きくなってくる。時折、笑い声もまじる。頭をひねったり、うなずいたり、「ここはこうしたら」「○○さんが読んだら」「ここイメージがわかんないよ」「ねえ、一回読んでみて」などなど。

大沢さんは各班の間を歩きながら、必要に応じていろいろアドバイスを加えていく。

大沢　「もう調べてきている人がいたら、その人がリードして発表してください。ここはこうした方がいいんじゃないかなとか」

大沢　「わからなかったら記号ではなくて、言葉で書いてしまってもいいよ。『ここは間をとる』とか。目分たちがわかればいいから」

大沢　「どんどん書き込みしていっていいよ」

［相談を始めて5分経過］

大沢　「二班は、もう読みを決めてるけど、声がどういう声か考えて、佐藤さんは高い声とか、そういうことも考えてやってるよ。いいね。それぞれの持ち味を生かしてやるんだよ」

進んでいる班の様子を伝えて、他の班を刺激する。

大沢　「分担が決まったら少し声を出して練習してください」

大沢　「できたら声を合わせてやってごらん。それで手直ししてもかまわないから」

［相談を始めて10分経過］――声を出して練習し始めた班がある。

大沢　「いいよ、ほかの班は関係ないから自分たちだけでやってごらん」

大沢　「どんどん読みの練習してみてください。昨日の『平家物語』

のテープを思い出しながら。恥ずかしからないで。……いいよ、どんどんやってください」

話し合いも活発になってきている。参観者が机の間をまわってのぞきこんだりしているが、思いのほかリラックスしてやっている。

「せーの、せ」と、号令をかけて読み始める班がある。

一方では、よくひびく、女の子の複数読みの声が聞こえている。読み終えて「すばらしーい」自画自賛で拍手しているところもある。

大沢さんは、聞きながら、「いいよ」「いいねえ、もう一回読んでみて」「お互いの声を聞きながら、声を出してみて」など、言葉をかけていく。

４■声に出して発表する

全体が集中して、あちこちでかなり声が響いている。

大沢　「先生が今ぐるっとまわったところで、六班が耳に止まりました。まだ練習の段階（三回くらい読んだところ）だけど、六班の人たちにちょっと読んでもらいましょう。みんなは、六班の人たちがやってくれるのを聞いて、ナンバー４のプリントの、『他の班の発表について一言』のところを書いてください。練習の段階の読みを、みんながどう聞いてくれたか。

　では、六班の人たち、立ちましょう。昨日のテープを思い起こしながらね。六班の人たちは練習の時、けっこう声が出ていましたよ。じゃあ、はい。みんなは集中して聞いてください。目分たちで合図した方がいいかな。はい」

六班、立ち上がって読み始めるが、二、三行読んだところで声がうまくそろわなくなり、笑いがこぼれ、集中が途切れてしまう。しかし、女子の一人がすかさず、大沢さんに言う。

○女子　「先生、もう一回、いいですか?」

大沢　「いいよ。楽な気持ちでやって」

六班、再び読む。今度は集中して最後まで読めた。

大沢　「ううん、いいじゃない！」

生徒の間からも拍手がわく。

大沢　「練習の途中だけれども、昨日聞いたテープや自分たちで受け止めたものが、自分たちの読み方としてよく出ていたと思うね。では、ほかの人たちは、今の六班の読みで気づいたことをちょっと書いてください。読みは一回一回違うものだけれどね」

●男子　「感想、今、書いちゃっていい?」

大沢　「いいよ。『六班の人に』ということで、ひとこと書いて。堂々と、恥ずかしがらないでしっかり声が出ると、いい響きになりますね。

　じゃあ、前半の部分は、二班にやってもらおうかな。割と早く分担ができていたからね。では二班の人たち、立って。そこは狭いから、前に出てもいいな。みんな出てきて。せっかくだから、もう少し固まっていた方がいい。じゃ、行きますよ。自分たちで合図してね」

二班の子どもたち、前に出てくる。読む。

プリントを見ながらのため、どうしてもうつむきがちになる。
読んでいる途中でチャイムが鳴る。
読みおわると、自然に拍手がわいた。

大沢「はい。二班の人たちが読みをやってくれました。練習の段階ですけれどね。感じたことを、忘れないうちに書いてくれますか。二班の人たちは、『ここはこうすればよかった』とか、自分たちの反省を書いてください。

各班、工夫して、今日の段階でいいところがだいぶ出てきていますので、それをさらに伸ばす形で、金曜日もう一時間やってみたいと思います。

それから各班の代表の人、自分たちが書き込みしたプリントを、名前を書いて出してくれるかな。みんながどんなふうにまとめたか、どんな台本にしようとしているか、見たいので。……では、終わります」

最初に号令をかけた川崎君が「気をつけ、礼」の号令をかけて、授業は終わった。

3——群読の授業のポイント

(1) 読みを深める授業形態としての群読

中学生が古典を学習する時、古文の文体にどう慣れていくか、繰り返し音読することで半分以上は目的を達成できる。そのためにも音読の機会をどうつくるかという意味で、子どもたちにも意欲的に取り組みを促すことができる方法としては群読はとても力を発揮する。

(2) 古典教材の理解を深めるために

教材を台本化する過程での読み深めと同時に、個人個人が文章を音声化したり、読み比べたりすることで教材の理解を深めていくことにつながる。ここはソロにするのか、全員がいいのか、他の班と聞き比べてどちらの方がひびきや気持ちがいいかなどと検討することで教材へのアプローチが多面的になっていく。

(3) 「平泉」は群読の素材として生かせる

この教材は音声化することによってたくさんのことが発見できる——「音」がおもしろい。男声と女声の違い、一人ひとりの音の違い、個人の中で転調するのは難しいが、何人かいることによる自然な転調、ひとりから群へ移る時フッとあく間など、群読は音の使い方とか転調とかテンポの違いなどが自然に出てくる可能性を持っている。

また「平泉」は芭蕉の一人芝居だけれど分身を見つけて文章のリズムとか音声を分け持ってどうやるとおもしろくなるか考えられる。

芭蕉や曾良が共感するところや「国破れて山河あり」の部分などを群で読むとか、夢幻の部分を読み手を替えるなど工夫ができる教材である。

さらに『おくのほそ道』は叙情あり、叙景あり、歴史的な事実もある——こういう作品だからこそ中学生にやってほしいのである。

（4）「群読」とは

複数の読み手による朗読のことを群読という。群読のよさは一人ひとりが作品に前むきにぶつかるようになること。また、台本づくりのためになぜそうなのかと自分の意見を言い、人の話に耳を傾け、工夫を重ねて心ひとつに読もうとする姿勢がもてるようになるところがすばらしい。

私が「群読」の実践で目指したのは、この作品を読み味わうことであり、内容を主体的に読み取り、自分の理解したものを表現の形で提示し、さらに理解を深めていくことだった。子どもたちにとって、はじめての体験だった群読を通して、さらに多様な読み、解釈へたどりつくことができたら、いっそうゆたかな想像力をはぐくめたら、何よりうれしい。みなさんの新たな挑戦に心から期待している。

4——群読台本例——**「平泉」より生徒たちが作成したもの**（九三ページ、教材「2」の部分）

A　三代の栄耀一睡のうちにして、大門の跡は一里こなたにあり。　**↓最後の方をゆっくり**

D　秀衡が跡は田野になりて、金鶏山のみ形を残す。**↓はっきり読む**

B　まづ、高館に登れば、北上川南部より流るる大河なり。　**↓なるべく雰囲気を変えて**

E　衣川は、和泉が城をめぐりて、高館の下にて大河に落ち入る。　**↓はじめはゆっくりと**

F　泰衡らが旧跡は、衣が関を隔てて南部口をさし固め、夷を防ぐと見えたり。　**↓発音を気をつける**

C　さても義臣すぐつてこの城にこもり、巧名一時の叢となる。　**↓「さても」のところを強く、あとの方をゆっくり**

全員「国破れて山河あり、城春にして草青みたり」

E　と笠打ち敷きて、時のうつるまで泪を落としはべりぬ。

女子　夏草や兵どもが夢の跡　**↓ゆっくり**

男子　卯の花に兼房見ゆる白毛かな　曾良

D　かねて耳驚かしたる二堂開帳す。

男子　経堂は三将の像を残し、

女子　光堂は三代の棺を納め、

全員　三尊の仏を安置す。

B　七宝散り失せて、珠の扉風に破れ、

A　金の柱霜雪に朽ちて、

F　既に頽廃空虚の叢となるべきを、

全員　四面新たに囲みて、甍を覆ひて風雨を凌ぐ。　**↓力強く**

E　しばらく千歳の記念とはなれり。

全員　五月雨の降りのこしてや光堂　**↓文全体をゆっくり**

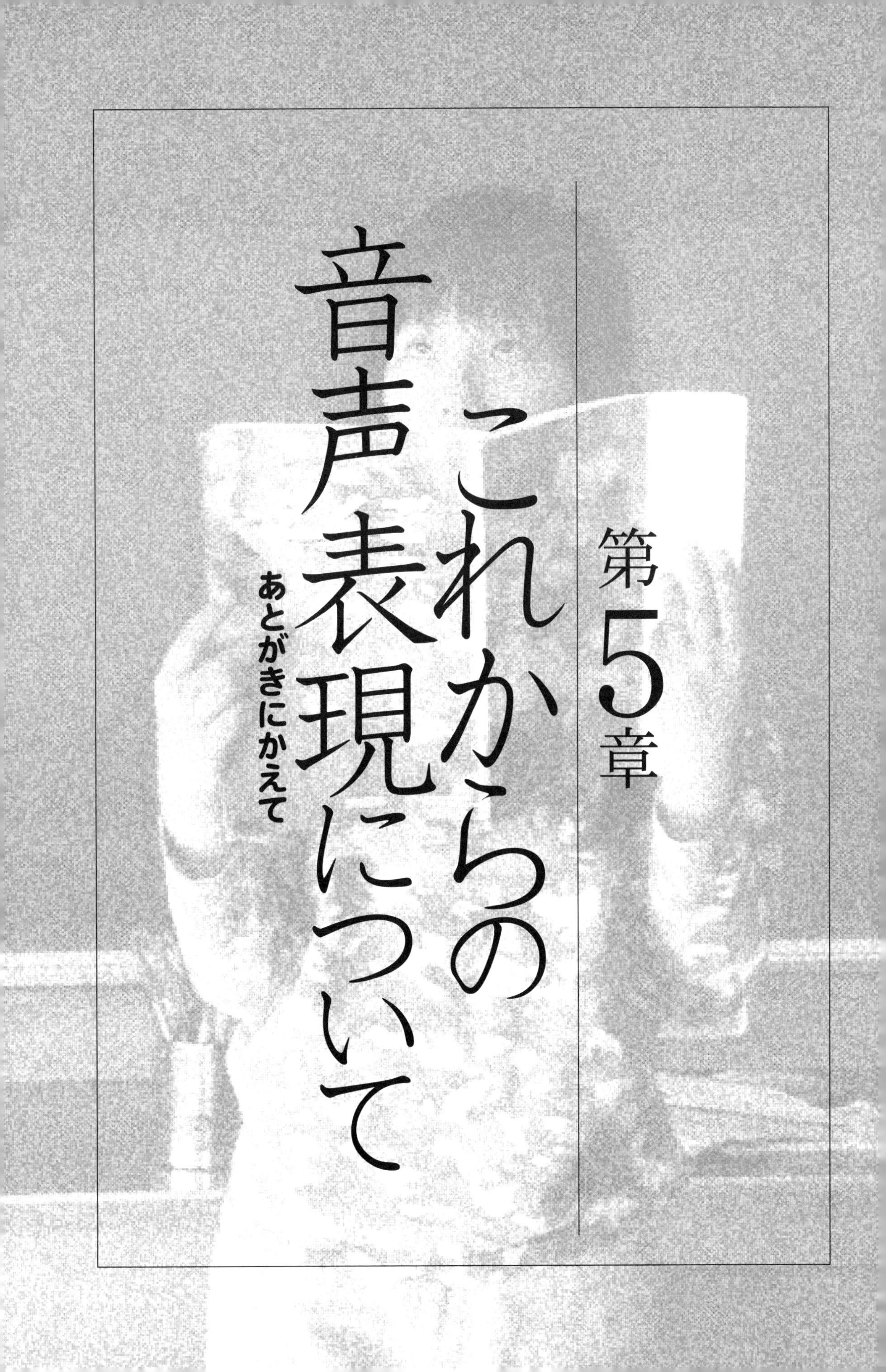

第5章

これからの音声表現について

あとがきにかえて

！これからの音声表現について

あとがきにかえて

刀禰佳夫

日本演劇教育連盟では一九九八年に『授業のなかの朗読』（晩成書房）と題して主として学校現場での実践をまとめて出版しました。この本には小学校、中学校、高等学校での日常の授業での実践ばかりでなく、クラブ活動・集会活動・行事での実践や、専門家の朗読、群読に対する考え方が掲載されています。その後、朗読、群読、朗読劇などの活動は学校現場ばかりでなく、一般社会や劇団の活動にまで広がり驚くほどの進展をみせてきました。わたしたち日本演劇教育連盟でも各種の活動が繰り広げられ、その実践の様子が機関誌である「演劇と教育」誌にもたくさん紹介されてきました。こうした現象は各種の機器の発達とともに人間の生の声やことばによる交流が少なくなり、ことばによるコミュニケーション能力の低下が危惧されるようになったことによるものと思われます。そしてその現象は現在もなお続いており社会問題にまでなっています。そこでわたしたちは『授業のなかの朗読』を出版して以後の実践の中から、主として小学校、中学校でのことばによる表現活動の実践をまとめて出版することにしました。

わたしは前回の『授業のなかの朗読』のまとめの中で次のように述べました。「音声化の授業でまず大切なことは、読み手が声を出して読むことが楽しいと思えるようにするということです。そのためには、お互いが認め合い、信頼し合う暖かい人間関係や、その場の雰囲気を作ることが必要です」。さらに「読み手が聞き手に対して声を届けようという意識を持って読むことが大切です。そうすることによって初めて読み手と聞き手の間に交流が生まれ、朗読という活動が成立するからです」とも書いています。しかしこれらの活動を成立させるために具体的にどのような題材をどのように読ませたらよいかについては必ずしも十分な実践がなされているとは思われませんでした。今回はこれらのことをさらに深める実践を紹介することができたと思います。

まず読むという活動以前にことばで遊んだり楽しんだりする活動が必要だということが明らかになってきました。そこで今回は読む活動の前の「ことば遊び」を重視し、このことに関する項目を立て

ことば遊びを発表してみよう（霜村三二さんの実践風景から）

ることにしました。本書が『授業のなかの朗読』と一番大きく違ったのはこの項目が大きく取り上げられたことです。ここでは福田三津夫さん、内部恵子さん、霜村三二さんの実に多彩な実践と豊富な題材が示されています。ただ結果だけが述べられているのではなく、その過程がリアルに再現されているので、子どもたちの様子がありありと見えてきます。これらのダイナミックな実践を読むと思わず自分でも取り組んでみたくなりますし、子どもに対する新たな目を開かれる思いがします。これらの活動は子どもばかりでなく大人にとっても楽しい体験になること請け合いです。

次に朗読に関する実践ですが、これは福田さんが「竹内敏晴の朗読源論を考える」の項で引用しているように「朗読とは、独り言ではなく、聞き手に対して話しかけることなのだ」という竹内さんの考え方が基本になっています。詩にしても物語にしても作者の描いた世界を自分のものとして聞き手に届ける。そのためにはその作品を深く読み取ることが大切です。その上で朗読の技術的なことを考えるべきでしょう。前回の『授業のなかの朗読』では課題として残った音声に関する技術的な指導（速さ、抑揚、間、テンポ、リズム、強弱など）をどこでどう行うか、朗読の学習過程をどうするかについて一歩進んだ実践が今回は紹介できたと思います。小学校一年生から六年生までの大垣花子さんの「詩」に関する豊富な実践は、単に詩を鑑賞したり、表現したりするだけでなくそれを子どもの創作にまで発展させている点に特徴があります。それは頭で考えたものではなく体を使い、声を出し、いろいろな場を使って楽しみながら表現して来たからこそ生まれた子どもらしい作品になっています。ま

国語のミニ学習発表会でみんなで声を出して読む（福田三津夫さんの実践風景から）

た日常の学習の集大成である卒業式に向けての取り組みも、価値ある実践となっています。「物語」に関する私の実践では日常の授業をどのように進めるか、さらにその成果をどのように集会で発表したかについて述べてあります。参考にしていただけたら幸いです。中学校の古典の授業として行った藤田昌子さんの数々の実践は前回にはなかったものです。こうした授業を受けた子どもたちはややもすれば難しいと思われがちな古典の授業を楽しんで行ったに違いありません。

複数の読み手による朗読と言われる群読についてはその考え方や指導の在り方について『授業のなかの朗読』にも詳しく述べられていますが、大沢清さんが文中に述べられているように学校教育における群読はどうあるべきかをこれからも検証していくことが必要だと思います。時には玉垣淳子さんが行ったような身体表現を伴った群読や朗読劇もあってよいと思います。松宮文子さんはかなり難解な宮沢賢治の詩の群読に取り組んでいますが、その発表を見たとき、小学校六年生が実に生き生きとその表現に取り組んでいるのに驚きました。それは指導者である松宮さんが花巻出身であり、かなり以前から賢治の詩に親しんでいて、その世界を深く理解していたからこそ可能だったのでしょう。大沢さんが試みた「おくのほそ道」の群読の授業の後に我々は検討会をもちましたが、そのような実践を深めあう話し合いを今後も続けていくことが必要でしょう。

我々は単に上手な読み手を育てるために朗読や群読の活動に取り組んでいるわけではありません。初めにも述べたように人と人とをつなぐために音声表現を大切だと考えその在り方を実践を通して考えてきました。民主主義の基本は話し合いであり、話し合いを支えるものは「ことば」です。今、ことばの乱れも問題になっていますが、古今東西の優れた作品に触れ、「ことば」による表現力を磨くことが大切だと考え、これからも活動を続けていきたいと思っています。

■編集■

一般社団法人
日本演劇教育連盟

編集代表
髙﨑　彰

編集担当
刀禰佳夫
大垣花子
福田三津夫

●一般社団法人 **日本演劇教育連盟**

日本演劇教育連盟（略称＝演教連）は、1937年に創立され、初めは日本学校劇連盟という名称でした。戦中休止期間がありましたが、1949年に再建、1959年に現在の名称「日本演劇教育連盟」と改められました。2019年に法人化し、「一般社団法人 日本演劇教育連盟」となりました。

演教連は、演劇の創造と鑑賞をとおして、また、演劇的な方法を生かして授業や学級の活動、集会や行事などの活動の活性化を図り、子どもの成長と豊かな人間性の形成をめざす教育研究団体です。演教連には、教師・保育者・学生をはじめ子ども文化の創造と普及のために働く各分野の専門家、また全国の子ども・おやこ劇場の父母、子ども会や児童館など地域での指導者たちが広く参加しています。機関誌として月刊『演劇と教育』を編集し（発行は晩成書房）、会員に配布しています。

演劇と教育に関心のある方なら、どなたでも入会できます。詳細はホームページをご覧いただくか、下記事務局までお問い合わせください。

【連絡先】
〒170-0005 東京都豊島区南大塚3-54-5 第1田村ビル3F
TEL03-3983-6780　FAX03-3983-6788
Eメール　enkyoren@cronos.ocn.ne.jp
ホームページ　http://enkyoren.sakura.ne.jp

ことばで遊ぼう 表現しよう！
——ことばあそび・朗読・群読

二〇一九年一一月二五日　第一刷印刷
二〇一九年一二月　五日　第一刷発行

編　集　日本演劇教育連盟
発行者　水野 久
発行所　株式会社 晩成書房
●101-0064 東京都千代田区神田猿楽町二―一―一六
●電　話　〇三―三二九三―八三四八
●FAX　〇三―三二九三―八三四九
印刷・製本　株式会社 ミツワ

乱丁・落丁はお取り替えします
ISBN978-4-89380-493-8 C0037
Printed in Japan